Laure Conan, 1845-1924.

Louise Simard

Louise Simard est née le 9 mars de l'Année sainte, à Montréal. Détentrice d'un baccalauréat spécialisé en études allemandes, elle a publié son premier roman en 1980. Depuis une dizaine d'années, elle s'intéresse tout particulièrement à l'histoire du Québec où elle a puisé le sujet de ses trois derniers romans. *La très noble demoiselle*, paru en 1992, lui a d'ailleurs valu une nomination au Prix du gouverneur général. Ses études de maîtrise et de doctorat, orientées vers le roman historique, en font une spécialiste du genre au Québec. Louise Simard est l'arrière-petite-cousine de Laure Conan.

La collection
LES GRANDES FIGURES
est dirigée par
Louis-Martin Tard

Le comité éditorial est composé de
Jacques Allard
Jean Provencher
André Vanasse

Dans la même collection

Bernard Assiniwi, *L'Odawa Pontiac. L'amour et la guerre.*

Daniel Gagnon, *Marc-Aurèle Fortin. À l'ombre des grands ormes.*

Naïm Kattan, *A. M. Klein. La réconciliation des races et des religions.*

Daniel Poliquin, *Samuel Hearn. Le marcheur de l'Arctique.*

Mathieu-Robert Sauvé, *Joseph Casavant. Le facteur d'orgues romantique.*

Louis-Martin Tard, *Chomedey de Maisonneuve. Le pionnier de Montréal.*

Louis-Martin-Tard, *Pierre Le Moyne d'Iberville. Le conquérant des mers.*

Laure Conan

La publication de ce livre a été rendue possible
grâce à l'aide financière du Conseil des Arts du Canada,
du ministère des Communications du Canada,
de la direction des études canadiennes
et des projets spéciaux, Patrimoine canadien,
et du ministère de la Culture
et des Communications du Québec.

Dépôt légal : 2e trimestre 1995
Bibliothèque nationale du Canada
Bibliothèque nationale du Québec
ISBN 2-89261-117-2

Distribution en librairie :
Socadis
350, boulevard Lebeau
Ville Saint-Laurent (Québec)
H4N 1W6
Téléphone (jour) : 514.331.33.00
Téléphone (soir) : 514.331.31.97
Ligne extérieure : 1.800.361.28.47
Télécopieur : 514.745.32.82
Télex : 05-826568

Conception typographique et montage : Édiscript enr.
Maquette de la couverture : Zirval Design
Illustration de la couverture : Francine Auger
Recherche iconographique : Michèle Vanasse

CONAN

Laure

LA ROMANCIÈRE AUX RUBANS

XYZ éditeur

JEUNESSE

De la même auteure

Un trop long hiver, Montréal, Éditions La Presse, 1980.

Rythmes de femme, Belœil, Maison des Mots, 1984.

La guerre des autres, en collaboration avec Jean-Pierre Wilhelmy, Montréal, Éditions La Presse, 1987.

De père en fille, en collaboration avec Jean-Pierre Wilhelmy, Québec, Septentrion, 1989.

La très noble demoiselle, Montréal, Libre Expression, 1992.

Note de l'auteure

Même quand on croit connaître Laure Conan, on ne connaît bien que son œuvre. Si vaste, si riche, si profonde et subtilement subversive que l'auteure peut s'y noyer corps et âme, s'y dissimuler, et échapper ainsi à toutes les contraintes, convenances et civilités habituellement dévolues à l'écrivain.

Car Félicité Angers, quand elle a pris la plume, n'a pas choisi qu'un pseudonyme ; elle s'est, du même coup, forgé une armure.

Écrire ? Comment faire autrement ? Le désir était trop grand, la pulsion trop forte.

Publier ? Par nécessité, puisqu'il fallait bien gagner sa vie, mais en se cachant derrière Laure Conan : « J'ai déjà une assez belle honte de me faire imprimer[1]. »

Jouer la célébrité, se raconter sans l'immunité de la fiction ? Jamais ! Monter au front sans bouclier, aucune femme ne s'y serait risquée à l'époque. Surtout pas Félicité, allergique à toute vie publique.

Au lieu de cultiver la gloire, elle a, en effet, préféré cultiver son jardin de La Malbaie. Plutôt que de discourir sur les affres de l'écriture ou le

---

1. Laure Conan à Henri-Raymond Casgrain, 1er octobre 1883, ASQ, Fonds Casgrain, Lettres diverses, vol. X, n° 97.

rôle de l'artiste, elle s'est tue pour mieux entendre la mer.

Félicité Angers n'a jamais voulu qu'on parle d'elle, qu'on la connaisse, qu'on la devine : « Non, je ne laisserai pas parler de moi dans la préface de mon livre. Si j'avais pensé que cela vous viendrait à l'esprit, je serais morte bien des fois avant de vous prier de présenter mon roman au public[1]. » Elle a entretenu son mystère, sa seule coquetterie. Dans son petit village, qu'elle n'a quitté qu'à de très rares occasions, elle a marché, rêvé, écrit ce qu'elle devait raconter. Rien de plus. À ses lecteurs, elle a offert Laure Conan en pâture pour sauver Félicité. Et elle croyait, naïve, qu'ils s'en contenteraient.

La romancière a tout donné. Ses œuvres ont ouvert la voie, cent voies, mille voix. Avec elle est né le roman psychologique québécois ; après elle les femmes ont acquis le droit à l'écriture ; ses romans historiques ne ressemblent à aucun autre. Première toujours, partout. Pionnière. La romancière a tout donné.

Mais Félicité a voulu se garder intacte. Toute sa vie, elle a lutté pour conserver cet espace ombré autour d'elle, un espace clôturé de roses, de reines-des-prés et de vignes. Dans ce refuge, elle n'a jamais

---

1. Laure Conan à Henri-Raymond Casgrain, 4 mars 1884, ASQ, Fonds Casgrain, Lettres diverses, vol. X, n° 117.

supporté aucune intrusion. Avec Dieu pour seul confident, elle s'y est consacrée à ses souvenirs et au silence. Peut-être, comme le font les chats, pour mieux lécher ses plaies...

Cela, personne ne le saura jamais; personne ne doit jamais le savoir. Félicité, bien avant de mourir, avait déjà laissé ses premières volontés. «Je suis bien trop peu de choses pour occuper ce redoutable public de ma personnalité. Et si la vie m'a été triste et amère, je ne veux ni m'en plaindre ni qu'on m'en plaigne. Je ne tiens pas à faire pitié. Pas davantage je ne voudrais me faire une parure de ma pauvreté ni de mes tristesses. Vous me direz peut-être qu'il y a là une fierté sauvage, une sensibilité maladive. Peut-être. Mais enfin, je suis ce que je suis et je n'y puis rien [1].»

Cette histoire que vous allez lire témoigne du respect que j'ai pour les beaux secrets d'une femme sauvage et sensible. Je l'ai voulue à l'image de Félicité, avec les tendresses et les révoltes de la mer, l'odeur envoûtante des fleurs, la discrétion et la splendeur d'un oiseau qui fend le ciel, vous séduit, puis disparaît sans que vous sachiez jamais d'où il venait et où il s'en est allé.

1. *Ibid.*

Première partie

Le grand crime contre l'amour,
c'est de ne plus le rendre.

Laure Conan

La Malbaie, village natal de Laure Conan, ne comptait, au début du siècle, qu'une vingtaine de maisons regroupées autour de l'église.

1

Les chevaux fantômes

C hère petite maman d'amour,
Je m'ennuie, je m'ennuie, je m'ennuie. Je
m'ennuie tellement! Je vous en supplie, venez vite
me chercher. Si vous pouviez seulement ressentir
une toute petite, minuscule, infime parcelle de mon
ennui, vous viendriez immédiatement à mon secours.
Quoi qu'en dise le médecin, je suis certaine d'être
guérie; mais si je reste quelques heures de plus dans
cette maison, je crains fort de tomber malade à
nouveau. Il n'y a rien ici, maman. Le vide. Un grand
trou noir. Il y a le fleuve, bien sûr, mais je ne peux
pas en profiter car oncle Élie et tante Marguerite me

défendent d'aller à la plage. Le soir, assise à la fenêtre de ma chambre, je l'entends gronder, battre la grève. Inlassablement. Avec rage. Alors, je l'imagine qui sort de son lit, grimpe la côte et engloutit la maison, le jardin, et toutes les maisons du village. J'essaie de fuir, mais les montagnes me coupent toute retraite, m'écrasent. Je crois que je deviens folle. Maman, est-ce qu'on peut mourir d'ennui ? Mon oncle et ma tante sont tellement vieux ! J'ai parfois l'impression de vivre dans un tombeau. Peut-être suis-je déjà morte... Morte de voir l'été qui s'achève et m'échappe... Je vous en prie, venez vite me chercher.

Votre Lys-Aimée

Ma chérie,

Ta lettre m'a fait beaucoup de peine. Tu sais bien que je ne peux supporter de te savoir triste. Je m'ennuie tout autant que toi. Ma grande fille me manque et si je ne pensais qu'à moi, je courrais la chercher, à pied s'il le faut. Ou à la nage. Mais ce n'est pas si simple. Le médecin, que j'ai consulté et auprès duquel j'ai insisté pour qu'il te donne la permission de revenir, m'assure qu'un retour précipité pourrait entraîner de graves conséquences pour ta santé. À ma demande, il a communiqué avec le bon docteur Lemieux qui te suit à La Malbaie et, selon ce dernier, tu as fait des progrès immenses en deux semaines, mais tu n'es pas encore parfaitement guérie. Je te demande encore un peu de patience. Tu sais bien que l'air lourd et humide de la ville ne te ferait que du tort. Ton père exige que tu restes encore quelque temps à La Malbaie où la pureté de l'air t'est salutaire. Ne lui en veux surtout pas. Son intransigeance peut te sembler bien cruelle, mais tu comprendras un jour combien il t'aime et combien cette sévérité lui est douloureuse. Nous avons eu si peur de te perdre, ma chérie. Et nous t'aimons tellement! Essaie de comprendre. Ce petit sacrifice est nécessaire pour recouvrer la santé et nous revenir plus forte et plus belle que jamais.

Tante Marguerite et son frère sont si gentils de te recevoir chez eux. Ne leur fais surtout pas de peine en prenant un air chagrin. Courage, ma chérie, nous nous reverrons très bientôt.

Ta maman qui t'embrasse très fort

Ma petite maman,

J'essaie d'être courageuse, je vous assure. Depuis une semaine, j'ai fait au moins vingt fois le tour du village ; je le connais par cœur. Tout y est tellement calme et silencieux. Lorsque les cloches de l'église sonnent, les oiseaux sursautent. Si vous saviez, maman, comme la ville me manque! Et ma petite Jasmine! Elle ne me reconnaîtra sûrement pas. Vous ne voudriez pas que je sois une étrangère pour ma propre petite sœur, n'est-ce pas? Si vous me permettez de rentrer, je jure de mieux m'occuper de Jean-Baptiste et de le laisser me tirer les cheveux sans dire un mot. Je m'ennuie de ses cris de sauvage, le croiriez-vous? Je m'ennuie du bruit. Vous ne pouvez imaginer le silence de cette maison! Et cette propreté! J'ai le goût de la saleté, maman, des odeurs nauséabondes, du crottin qui colle aux semelles et des fêtards un peu ivres qui vous réveillent au cœur de la nuit avec leurs chansons grivoises. Je rêve de me perdre dans les ruelles étroites où résonnent les sabots des chevaux fantômes. Et de danser. Et de rire. Je ne sais plus depuis combien de jours je n'ai pas ri. Croyez-vous vraiment que tout cela soit sain pour une jeune fille de mon âge?

Heureusement, il pleut depuis deux jours. Je n'en pouvais plus de voir le soleil. La pluie me va mieux. Je pleure avec elle. Je voudrais tellement comprendre, maman, mais je n'y arrive pas. Je crois bien que vous ne m'aimez plus, sinon comment expliquer que vous me laissiez dans cette prison?

Votre Lys si peu Aimée

Ma fille,

Ta dernière lettre a cruellement blessé ta mère. Elle a du mal à surmonter son chagrin. Tu te conduis vraiment en enfant gâtée. Je, je, je... Toujours toi ! Crois-tu vraiment qu'il nous soit agréable d'être séparés de toi ? Je veux que tu te ressaisisses et que tu t'excuses auprès de ta mère de toute la peine que tu lui as faite.

Au lieu de jouer à l'enfant martyre, occupe-toi donc à guérir. Ce sera plus profitable pour tout le monde. Et pour toi la première. Et pense donc un peu aux autres, à ta mère qui se désole de te savoir loin d'elle, à ton oncle et à ta tante qui t'ont ouvert toute grande la porte de leur maison alors qu'ils n'aspirent qu'à la tranquillité. Il n'y a pas meilleur remède que de s'intéresser aux autres, tu verras.

Tu me déçois, ma fille, je te croyais plus généreuse et, surtout, plus raisonnable.

Ton père

Ma petite maman,

Excusez-moi de vous avoir fait de la peine. J'étais de mauvaise foi, je le reconnais. Je vais essayer d'être plus raisonnable et de ne plus vous inquiéter. Il est vrai que mon sort n'est pas si terrible. Tante Marguerite et oncle Élie font vraiment tout ce qu'ils peuvent pour me rendre le séjour agréable; je n'ai pas le droit de les décevoir. Je vais donc être patiente même s'il me tarde de vous revoir.

D'ailleurs, tante Marguerite ne va pas très bien et je crois que ma présence la réconforte. Elle est alitée depuis quelques jours. Je lui fais la lecture; je lui prépare des tisanes. Papa avait raison: s'occuper des autres peut faire beaucoup de bien.

Pauvre tante Marguerite! Elle essaie de sourire et de ne pas m'ennuyer avec ses problèmes, mais je vois bien qu'elle souffre. Oncle Élie est inquiet. Il a appelé sa sœur Félicité à Saint-Hyacinthe. Elle doit arriver dans trois jours.

Quand j'en ai parlé à des voisines, elles ont dit: « Tiens, la folle aux rubans va revenir! » Pourquoi appellent-elles ainsi tante Félicité? J'ai si peu de souvenirs d'elle. J'ai bien hâte de voir la folle aux rubans.

Votre Lys-Aimée qui vous aime beaucoup

Deuxième partie

... dans l'amour d'un homme,
même quand il semble profond
comme l'océan, il y a des pauvre-
tés, des sécheresses subites.

Laure Conan

La maison de la famille Angers, aujourd'hui démolie,
se cachait derrière d'énormes arbres.

2

Il était une fois un jardin

L a goélette longeait l'île aux Coudres, si altière
dans son isolement, presque insolente.

Mlle Félicité Angers se leva brusquement, pi-
quée, aurait-on dit, par un essaim d'abeilles. Elle ne
tenait plus en place, trépignait sur le pont, faisait les
cent pas, marmonnant quelques insultes bien senties
mais totalement injustes à l'égard du capitaine et de
sa lenteur, bousculant avec une satisfaction intense
les pauvres passagers qui, par mégarde, lui blo-
quaient le passage.

Ce petit manège dura jusqu'à Cap-aux-Oies.

À peine deux battements d'ailes.

Alors seulement elle se calma. Comme si les belles plages sauvages, incrustées dans le roc, avaient détenu un pouvoir magique. Accoudée au bastingage, les yeux rivés à la côte, Mlle Félicité tenta de se recueillir. Elle laissa monter en elle des souvenirs d'enfance, des odeurs de petits matins brumeux, le tintement des cloches qui se répercute dans la baie et se heurte aux falaises avant de se perdre dans la mer. Les cloches appelaient les sirènes. Son père le lui avait affirmé. La vieille demoiselle sourit, elle qui souriait si peu.

Derrière elle, une mère s'affairait à rassembler ses petits, éparpillés sur le pont. Échappant à sa surveillance et à sa résistance, mises à rude épreuve toutes les deux, les enfants avaient semé ici et là leurs chapeaux, leurs jouets, leurs souliers. Les mains pleines, la pauvre femme les suivait à la trace comme pour effacer des indices incriminants, s'excusant d'un sourire gêné de son manque d'autorité.

— Voilà Saint-Irénée, cria-t-elle pour attirer l'attention des enfants. Ramassez vite vos affaires et n'oubliez rien surtout. Si vous n'êtes pas prêts à descendre dans deux minutes, le bateau va vous emporter au bout du monde et vous ne pourrez plus jamais revenir.

La menace n'obtint pas l'effet escompté. Au contraire, les quatre enfants, tellement grouillants qu'ils semblaient être une douzaine, et visiblement tentés par l'aventure, se donnèrent le mot pour mieux cacher leur butin.

Félicité, dérangée un moment par toute cette agitation, détourna le regard, ne voulant voir ni les enfants ni la côte, seulement le fleuve devant, derrière, autour. Elle voulait faire le vide pour mieux accueillir son village où le bateau accosterait dans quelques minutes, son village, lové dans sa baie, sa « malle bayes » comme l'appelait Champlain, fâché de s'y être échoué en 1608. La Malbaie.

La mère ne riait plus. Elle flanqua une taloche au plus grand, lui enjoignant d'aider ses frères et sœurs.

— Rapaillez-vous, ordonna-t-elle, et en vitesse. Le bateau va accoster.

Félicité ferma les yeux un instant, puis elle se retourna lentement dans un geste théâtral, anticipant son bonheur, le refoulant jusqu'à la dernière seconde pour mieux le laisser éclater.

Le petit village ronronnait, confortablement roulé en boule dans un repli de la mer, le dos appuyé à la montagne. Il prenait son temps, s'étirait au soleil, indifférent aux rumeurs du xxe siècle qui s'annonçait.

Au premier regard, l'église attira l'attention de la vieille demoiselle. Comme aux jours de son enfance, les hirondelles tournoyaient en désordre autour du clocher, puis elles s'échappaient dans un mouvement concerté pour aller survoler en rases-mottes les champs satinés où la faux n'avait rien épargné. Leur manège rappela à Félicité une partie de cache-cache de son enfance. Elle s'était dissimulée derrière une corde de bois, appuyée contre le mur d'une grange, avec juste ce qu'il fallait d'espace entre la corde et le mur pour permettre à une enfant de cinq ans de s'y glisser. Juste au-dessus, sous une corniche, une hirondelle avait fait son nid. Pendant presque une heure, la fillette avait observé les allées et venues de la mère et les mouvements désordonnés des petits ouvrant tout grand leur bec. Quand elle était sortie de sa cachette, les autres ne la cherchaient plus depuis belle lurette, déjà occupés à d'autres jeux.

— Gaston! Laisse ton frère tranquille! Avance, sinon la vieille madame va t'amener avec elle!

Il ne restait plus sur la goélette que la mère et sa couvée et Félicité. Le garçon jeta un coup d'œil à « la vieille madame » en question et ramassa aussitôt ses affaires. Le bout du monde ne l'effrayait pas, mais cette femme aux allures de sorcière, bâtie comme un homme, le chapeau de guingois et le regard austère, le terrorisait, et il savait bien qu'il se trouverait à portée de griffes tant qu'il n'aurait pas quitté la goélette.

Félicité, irritée d'être ainsi prise à partie, et de si irrévérencieuse façon, se rencogna derrière un immense coffre. Malgré sa hâte de débarquer, elle hésitait à se risquer au milieu de ces huit bras et jambes dont on ne pouvait prévoir les soubresauts, et qui étaient prévenus contre elle, donc sur la défensive. Elle préféra attendre, un peu en retrait, le débarquement de l'ennemi.

En s'étirant, elle put voir la petite école et le manoir.

Rien n'avait donc changé depuis son départ.

Étrangement, quand elle tentait d'imaginer son village après ces cinq années d'absence, elle ne retrouvait que les images d'un passé lointain. Sa mère régnait alors sur la maison et sur le magasin où il faisait toujours froid, même en été. Félicité n'aimait pas ce magasin général. Au-dessus des pommes, alignées platement en rangs d'oignons, les odeurs se mélangeaient jusqu'à devenir indiscernables, douteuses parfois. Elle préférait de beaucoup la chaleur torride de la forge où son père poussait lentement le soufflet en lui racontant d'incroyables histoires de loups-garous, plus drôles qu'effrayantes.

— Il faudrait descendre, ma p'tite dame. C'est pas tout le monde qui est rendu. À moins que vous vouliez continuer jusqu'à Port-au-Saumon. C'est à vot' guise.

Impatient de repartir, le capitaine talonna sa dernière passagère jusque sur le quai, se hâtant de remonter la passerelle dès qu'il lui eut remis ses deux valises.

La vieille demoiselle resta immobile quelques instants. Sur sa droite s'élançait le cap à l'Aigle dans toute sa grâce et sa sauvagerie. Elle avait oublié toute cette magnificence. Le souffle coupé, elle aurait voulu se jeter à genoux et remercier le ciel de cette incroyable beauté, mais un vieux réflexe lui commandait de ne rien laisser paraître de son émoi. Ceux qui l'auraient observée à ce moment précis n'auraient vu qu'une vieille fille sans grâce, apparemment contrariée.

Elle jeta un regard circulaire et impassible sur l'enclave creusée par la mer. Il n'y avait plus personne. Les quelques parents et amis venus accueillir les voyageurs étaient déjà repartis. Nulle trace non plus de la mère et de ses démons.

Empoignant ses valises, Félicité s'engagea à grands pas résolus sur le sentier de la grève, sans même replacer son chapeau que le vent du large avait quelque peu déstabilisé.

Elle allait disparaître dans les méandres du sentier qui mène directement à la rivière Mailloux lorsqu'un grand cri lui parvint.

— Ma tante ! Ma tante ! Attendez-moi !

Ne se croyant pas concernée, Félicité ne se retourna pas tout de suite, mais la voix continuait à s'époumoner derrière elle et, ne fût-ce que par pitié, elle décida de s'arrêter pour voir qui pouvait bien s'afficher ainsi et avec autant d'insistance.

Une jeune fille courait dans sa direction en agitant les bras. Comme elle se rapprochait, Félicité put admirer son épaisse chevelure noire, touffue et en désordre. Une crinière embroussaillée, voilà ce qu'elle vit en premier, avant même de remarquer la délicatesse des traits, la finesse des attaches.

— Ma tante! Attendez-moi!

Félicité regarda autour d'elle. Personne d'autre ne se trouvant dans les parages, il lui fallait bien se rendre à l'évidence: ces adjurations lui étaient adressées.

— Mais cessez de crier, voyons! Vous voyez bien que j'attends! On dirait une poule poursuivie par un renard!

La jeune fille, gracile, arachnéenne, semblait courir ainsi depuis des siècles. Elle voulut s'arrêter, mais son élan la projeta tête baissée vers la voyageuse, encore accrochée à ses valises. Celle-ci, agile malgré son âge, réussit à esquiver le coup en laissant tomber ses bagages dans lesquels la pauvre adolescente vint trébucher assez violemment. Elle se retrouva le nez dans les trèfles et les boutons d'or après avoir magnifiquement dérapé dans le sable du sentier.

Mlle Angers retint difficilement une raillerie. Elle feignit plutôt de compatir aux malheurs de son assaillante, avec toutefois une certaine froideur. De nature réservée, elle réprouvait ces débordements si familiers à la jeunesse. Ils lui rappelaient trop une certaine époque, lointaine, où elle aussi s'était livrée à de tels emportements. Aujourd'hui, elle en avait honte et elle supportait mal qu'on la ramenât à ce passé qu'elle désirait oublier. Le spectacle de la jeunesse, toujours, la confrontait cruellement à ses souvenirs.

La jeune fille se releva péniblement en frottant son genou éraflé. Elle s'ébroua ensuite pour vérifier l'état de ses articulations et pour se débarrasser, du même coup, du sable collé à ses vêtements et à ses mains. Il ne semblait pas avoir de blessures sérieuses, seulement quelques contusions, d'ailleurs moins douloureuses que les désolantes déchirures de sa robe.

— Alors, demanda Mlle Angers, après que l'adolescente eut repris son souffle et sa dignité, vous vouliez me voir?

Lys-Aimée avait presque risqué sa vie pour rejoindre sa tante, mais elle hésitait maintenant à répondre. D'abord, cette vieille femme était-elle vraiment sa tante? Qui pouvait le lui garantir? Peut-être y avait-il eu méprise de sa part... Avec sa robe noire, triste et sans distinction, ses souliers, noirs aussi, et massifs comme des bottes de bûcheron, avec ce chapeau complètement ridicule d'où s'échappaient dans le désordre le plus total des rubans de différentes couleurs — tiens, «la folle aux rubans»... —, comment cette femme pourrait-elle seulement revendiquer une parcelle de parenté avec tante Marguerite, toujours bien mise, d'une élégance consommée, superbement coiffée malgré qu'elle fût malade ? Et ce visage ingrat où la bouche, petite mais remarquable dans son asymétrie, rivalisait de virilité avec un appendice nasal épaté ? La jeune fille eut beau fouiller ses souvenirs, elle n'avait jamais rien remarqué de semblable dans la famille Angers. Inquiète, elle se toucha machinalement le nez.

— Eh bien ! s'impatienta la vieille demoiselle, auriez-vous perdu la voix dans votre chute ?

Et cette voix ! songea Lys-Aimée, incapable de répondre. Grave, plus que grave : caverneuse, sépulcrale, et tellement rocailleuse qu'elle vous donnait la chair de poule. Seuls les yeux, d'un beau gris foncé, auraient pu sauver la mise n'eût été leur sévérité.

— Quand vous aurez retrouvé vos esprits, nous pourrons peut-être faire connaissance, railla Mlle Angers en reprenant ses valises et sa marche.

L'adolescente observa un moment le grand corps robuste mais agile de sa tante.

— Attendez !

— Tiens, tiens, se moqua Félicité, sans même s'arrêter. Ça parle maintenant...

— Je m'excuse... Excusez-moi... J'ai été... Je suis...

Malgré toute sa bonne volonté, l'adolescente ne réussissait qu'à bafouiller. C'est qu'elle mettait toute son énergie à ne pas se laisser distancer. Ses jambes frêles la servaient mal.

— Si vous me disiez d'abord votre nom, proposa Félicité. Nous verrons ensuite.

— Je m'appelle Lys-Aimée.

— Lys-Aimée...? Lys-Aimée qui?

— Mais... Angers.

— Ah oui! La fille de... Bon. Et qu'est-ce qui vous amène?

— Je suis venue vous chercher. Oncle Élie ne pouvait pas venir. Vous êtes bien tante Félicité?...

— Comme si j'avais besoin d'une enfant pour trouver mon chemin, marmonna la vieille fille. Élie ne changera jamais.

— Donnez-moi votre valise, ma tante, je vais vous aider.

— Vous me semblez bien chétive, ma petite. Vous aurez besoin de toutes vos forces pour vous rendre.

Sur cette remarque blessante, la vieille demoiselle pressa le pas, comme pour mettre sa jeune compagne à l'épreuve. Le visage impassible, elle entreprit d'escalader la montée jusqu'à la rivière Mailloux, absolument indifférente aux aspérités du sentier qu'elle connaissait par cœur de même qu'au souffle de plus en plus court de sa nièce.

Celle-ci tenta bien d'engager une conversation, mais, découragée par le stoïcisme de sa tante, elle renonça rapidement et banda tous ses muscles pour rester dans la course.

« Cette vieille sorcière ne me laisse aucune chance », ronchonna-t-elle. Pour la première fois, Lys-Aimée réalisait à quel point elle avait besoin de refaire ses forces. Peut-être, après tout, ses parents avaient-ils raison... Fouettée par l'arrogance de sa tante, elle se jura de tout faire pour ne plus avoir à subir une telle humiliation. Il lui faudrait une revanche sur « la folle aux rubans ». Et le plus tôt serait le mieux.

Elles arrivèrent enfin devant la vieille maison de cèdre, la tante devançant la nièce de plusieurs coudées.

Forte de son avance, Félicité s'appuya un moment sur l'énorme saule centenaire planté devant la galerie et regarda sa maison, celle de son enfance et de sa jeunesse. Comment avait-elle pu la quitter ? Qu'était-elle allée chercher ailleurs qui ne se trouvait ici ? Elle savait maintenant que cette maison contenait toutes les réponses. La chasse au trésor s'achevait au pied de cet arbre, devant cette demeure dépositaire de tous ses souvenirs, beaux et laids. Vigile fidèle.

La vieille demoiselle n'osait pas entrer. Il lui fallait d'abord regarder, respirer, investir. Elle quitta donc l'ombre bienfaisante et contourna la maison en caressant le bois usé par le vent et les intempéries.

Au passage, elle bouta du pied de gros cailloux hors de la pelouse.

Quelques secondes plus tard, elle poussait doucement une petite porte grinçante et pénétrait dans un jardin encombré, visiblement négligé. Son premier regard fut pour la tonnelle enlierrée où s'enchevêtraient les renoncules et les reines-des-prés, les roses et les asters. Elle avait reçu là son premier baiser. Et versé ses plus belles larmes. Larmes d'amour. Cette tonnelle avait été son royaume, son refuge, son cachot, sa complice. De la retrouver suscitait chez elle des sentiments contradictoires et troublants.

— Vous ne rentrez pas ? Tante Marguerite nous attend.

Lys-Aimée avait enfin rejoint sa tante. Intriguée de la voir se diriger vers le jardin plutôt que d'entrer dans la maison, elle s'était furtivement glissée derrière elle. Pendant quelques minutes, consciente de son trouble, elle avait hésité à la rappeler à l'ordre, mais la malade était seule dans la maison depuis une bonne heure. Il leur fallait absolument rentrer.

— Tante Marguerite va s'inquiéter de ne pas nous voir arriver, insista-t-elle.

Félicité ne l'entendait pas. Elle regardait, avec des larmes dans les yeux, les vignes accrochées aux fenêtres. Bouleversée par cette soudaine tristesse, Lys-Aimée eut un élan vers elle, mais elle ne put terminer son geste. Félicité était déjà passée à autre chose. Elle se penchait en effet pour arracher une mauvaise herbe d'un geste rageur. Marguerite n'avait jamais été douée pour le jardinage ; Élie était un saboteur ! Il était grand temps qu'elle revînt.

Lys-Aimée, à la fois déconcertée et impatientée par l'attitude étrange de sa tante, oscillait entre l'inquiétude et la curiosité. Elle aurait dû rentrer et rassurer la malade, mais elle ne se décidait pas à quitter la vieille demoiselle, craignant, elle ne savait trop pourquoi, qu'elle ne reparte comme elle était venue, du même pas énergique, sans avoir dit un mot ni même être entrée dans la maison.

Il y avait plus. La jeune fille ne voulait rien rater, ne fût-ce qu'un geste, de ce vieux dragon. Depuis des jours, elle s'ennuyait à mourir entre sa tante Marguerite, d'une extrême gentillesse certes, mais trop affaiblie pour s'occuper d'elle, et son oncle Élie, un gros homme charmant, drôle comme pas un et toujours joyeux, et si savant qu'il pouvait vous réciter des poèmes de mémoire pendant des heures, mais ridiculement accroché à des idées du XVIIIe siècle qui, tout en le rendant attachant, le mettaient complètement hors jeu. Elle s'ennuyait à mourir dans ce quotidien désespérément prévisible où tout semblait réglé depuis des lunes. Cette vieille mégère, qu'elle pourrait haïr sans peine — ce qui n'était pas le cas de Marguerite et d'Élie, trop bons —, cette vieille harpie énigmatique arrivait juste à temps.

Navrée de l'état lamentable du potager, Félicité saisit une truelle fichée dans la terre. Elle se pencha, puis se ravisa, revenant tout d'un coup à la réalité. Le jardin devrait attendre ; son devoir l'appelait ailleurs.

— Allons voir tante Marguerite, dit-elle en se dirigeant à grands pas vers la porte comme si, seulement maintenant, elle se rappelait la raison de sa présence à La Malbaie et réalisait l'urgence de la situation.

Elle bouscula Lys-Aimée avec un geste d'impatience. Cette jeunesse ! Toujours à flâner ! Dans sa précipitation, elle oublia ses valises dans le jardin. Sa nièce se garda bien de le lui dire.

∞

La malade attendait sagement, comme à son habitude, ne réclamant rien malgré sa souffrance de plus en plus évidente.

— Je suis tellement contente que tu sois là, dit-elle d'une voix ragaillardie.

Elle s'en remettait complètement à sa sœur, heureuse de la voir enfin de retour dans cette grande demeure où son absence prolongée avait creusé un vide. Elles avaient grandi toutes les deux dans cette maison et elle croyait fermement qu'elles ne devaient pas la quitter au risque d'encourir quelque malédiction. Le départ de Félicité l'avait beaucoup affectée. Dans cette belle demeure où valsaient encore les ombres de l'enfance, il lui semblait inacceptable de vieillir et de mourir sans sa petite sœur. Car l'âge n'y changeait rien. Félicité resterait toujours sa petite sœur.

— Tu vas tout me raconter, n'est-ce pas ?

— Il n'y a rien à raconter. Je t'ai déjà tout dit dans mes lettres.

— Tu as été partie si longtemps.

— Maintenant je suis là. Repose-toi, je m'occupe de tout.

C'était dit sans prétention. Cependant, au bout d'une heure, Félicité, silencieuse mais envahissante, avait complètement investi les lieux. Quand son frère rentra pour souper, il ne s'étonna pas de voir sur la table un potage fumant et une salade fraîche.

Félicité était revenue. La vie reprenait son cours normal.

— Sœur Caouette va bien ?

— Oui.

— Tu n'es pas trop déçue d'avoir dû revenir ?

— Non.

Il essaya de la faire parler, mais, devant ses tentatives infructueuses, il se remit à palabrer comme il l'avait toujours fait. Le bavard de la famille, c'était lui. Jamais à cours de sujets de conversation, ni d'arguments. Félicité, quant à elle, savait écouter comme nulle autre. Une interlocutrice rêvée ! Et lui, il faut bien le dire, savait en abuser sans scrupules. Ils formaient un bon tandem.

Ces cinq années que Félicité avait passées à Saint-Hyacinthe, à la Maison des Dames du Monastère des Sœurs du Précieux-Sang, n'avaient somme toute été qu'un interlude. L'ordre était maintenant rétabli. Élie, en notaire avisé, croyait beaucoup aux ordonnancements, au respect des contrats, fussent-ils tacites. Il retrouva donc sans peine des habitudes qu'il avait mises en veilleuse sans jamais les abandonner tout à fait.

— La soirée est belle ; tu viens marcher ? demanda-t-il à sa sœur.

Celle-ci accepta, mais elle s'assura avant de partir que Marguerite ne manquait de rien.

— Tu viens avec nous, Lys-Aimée ?

— Non, mon oncle. Je vais plutôt rester ici avec tante Marguerite.

— Très bien. C'est gentil de ta part.

La jeune fille les regarda s'éloigner côte à côte comme de vieux amants qui ne se toucheraient plus. Quelque chose de charmant et d'insolite se dégageait de ce couple où la femme dépassait l'homme d'une tête. Ils prirent lentement la direction du village. Beaucoup trop lentement au goût de Lys-Aimée qui brûlait de satisfaire sa curiosité.

Lit et objets ayant appartenu à Laure Conan,
conservés par le collectionneur Roland Gagné.

3

Les valises

L es valises étaient toujours là, dans le jardin. Lys-Aimée hésita un peu. Elle ne s'était pas souvent prêtée à de telles indiscrétions, mais, cette fois-ci, l'attraction était trop forte. Il lui fallait percer cette étrange et arrogante réserve de Félicité. L'attitude de sa tante, sa façon d'être là sans y être, cette intensité dans la solitude, cette espèce de prétention qui vous tenait constamment à distance, ces regards douloureux mais puissants, tout cela la rebutait et l'attirait à la fois, la subjuguait et l'enrageait. La jeune fille ne voulait rien profaner, seulement comprendre. C'est du moins ce qu'elle se dit et se répéta cent fois pour endormir sa conscience avant d'ouvrir les valises.

Elle défit les lanières de cuir en tremblant. L'impression affolante mais enivrante d'ouvrir une boîte à malice. Elle ignorait ce qui lui sauterait au visage et jouissait de cette frayeur. Elle dut vite déchanter car le butin s'avérait bien mince. Une robe brune, une autre noire, tout à fait identiques à celle que portait sa tante, un châle, des livres : les saints Évangiles, Charles de Sainte-Foy, Bossuet, des œuvres édifiantes mais totalement dépourvues d'intérêt pour l'adolescente, quelques lettres et quelques feuillets noircis d'une écriture indéchiffrable, qu'elle eut la décence de ne pas lire, des jupons et du linge de corps, et des rubans, beaucoup de rubans, comme des couleuvres enroulées sur elles-mêmes. Dans une pochette de velours, Lys-Aimée trouva un objet magnifique, un chapelet aux grains nacrés dont la croix avait sûrement été ciselée par un artisan. Émerveillée, elle fit glisser l'objet de dévotion entre ses doigts. Les grains irisés captaient toute la lumière du soleil couchant. Beauté fascinante à laquelle la jeune fille s'abandonna tout entière pendant de longues minutes.

Des voix qu'elle ne put identifier tout de suite la tirèrent pourtant de sa méditation. Elle referma précipitamment les valises et se rua vers la cuisine. Juste à temps. Félicité et Élie rentraient de leur promenade.

— Ta tante Marguerite n'a eu besoin de rien pendant notre absence ?

— Euh... non... non.

Lys-Aimée rougit, non pas d'être prise en défaut, mais plutôt de n'avoir pas songé, tout ce temps-là, à la malade. Peut-être Marguerite avait-elle appelé en vain.

— J'allais justement la voir.

— Laissez, je m'en occupe.

Lys-Aimée avait du mal à s'habituer à ce vouvoiement qui accroissait la distance entre elle et sa tante. Félicité ne laissait donc jamais rien au hasard ou à la spontanéité ?

Cette dernière pénétrait justement dans la chambre de la malade. Elle en ressortit aussitôt.

— Elle dort, dit-elle. Je vais en faire autant. Le voyage m'a fatiguée.

En la voyant monter l'escalier, Lys-Aimée pensa aux valises restées dans le jardin. Elle aurait dû le signaler, mais la peur d'être découverte la musela. Elle n'avait pas bougé lorsque sa tante redescendit.

— Vous savez où j'ai laissé mes valises ?

— Dans le jardin, répondit l'adolescente, la bouche pâteuse tellement elle craignait maintenant d'avoir laissé des traces de son larcin.

Félicité ne sembla nullement surprise de son oubli. Elle s'était habituée depuis longtemps à sa distraction légendaire dont quelques épisodes faisaient les manchettes de l'histoire familiale. Terrifiée, mais curieuse, Lys-Aimée la suivit. Elle crut défaillir lorsque sa tante se pencha pour ramasser le chapelet que, par mégarde, elle avait laissé glisser par terre dans sa hâte.

La vieille demoiselle s'agenouilla et prit l'objet précieux de ses deux mains. Avec un pan de sa robe, elle en essuya les grains souillés de terre avant de le mettre délicatement dans sa poche. Elle aurait dû crier, manifester sa colère ou son indignation ; elle se taisait. On aurait dit une prière silencieuse. Au bout d'un moment, elle empoigna ses valises sur lesquelles elle s'appuya pour se relever et rentra dans la maison, toujours en silence, sans même un regard pour sa nièce. Comme si celle-ci n'existait pas, n'existait plus.

Lys-Aimée aurait voulu lui prendre le bras, l'obliger à l'écouter, forcer son pardon. Expliquer. « Je regrette, je ne sais pas ce qui m'a pris. C'est votre faute ! Vous ne dites rien. Excusez-moi. Je vous en supplie, pardonnez-moi ! »

Mais elle resta là, immobile, incapable de proférer une seule parole.

∞

Sa tante était dans sa chambre depuis longtemps lorsqu'elle se résigna à rentrer. Elle s'assit un long moment dans la grande cuisine plongée dans la pénombre pour essayer de comprendre ce qui s'était passé. Pour la première fois de sa vie, elle avait désiré haïr quelqu'un et, maintenant, c'était elle que l'on haïssait. Elle s'était réjouie d'une nouvelle présence, fût-elle détestable, et elle se retrouvait plus seule que jamais. Avait-elle rêvé tout cela? Bien sûr, dans un instant, l'oncle Élie se mettrait à déclamer des vers comme il le faisait parfois le soir, Marguerite se lèverait, guérie. Félicité n'aurait jamais débarqué de ce bateau et ces maudites valises n'auraient jamais existé. C'eût été trop beau...

Si seulement sa tante l'avait admonestée, punie, battue! Le silence lui devenait insupportable. Comment, de bourreau, pouvait-on si rapidement devenir victime? Félicité pouvait-elle jeter des mauvais sorts?

Au même moment, dans sa chambre, celle-ci tentait elle aussi de comprendre. «Pourquoi a-t-elle fait une chose pareille?» Elle avait rangé ses vêtements après les avoir secoués très fort pour les débarrasser des odeurs de l'autre. «Comment a-t-elle pu fouiller dans mes affaires?» Puis elle s'était assise à sa table de travail, face à la fenêtre d'où elle devinait le saule penché gracieusement vers elle. Elle entendait les feulements du fleuve, plus mer que fleuve parfois, dans ses élans et ses colères. «Qu'a-t-elle voulu me dire en agissant ainsi?

Pourquoi me déteste-t-elle ? Pourquoi ce mépris ? A-t-elle tout simplement besoin de tendresse ? Les êtres humains ont tellement besoin d'amour... » Elle le disait avec condescendance. Elle s'en était remise à Dieu depuis tellement longtemps qu'elle croyait échapper à ces contingences humaines.

Elle prit sa vieille plume noire, un cadeau de son père qui ne la quittait jamais. Elle ne voulait pas écrire pourtant, seulement penser, rêver un peu, et de tenir sa plume à la main lui ouvrait, croyait-elle, toutes les possibilités. Les mots étaient là, inscrits dans l'encre, disponibles pour qui voulait les saisir. Ils attendaient d'être révélés. Elle n'avait pas besoin d'écrire maintenant, les mots savaient patienter, s'engraissant à même le simple désir, se bonifiant à même l'attente et la réflexion.

Derrière sa porte close, elle entendit un gratte-ment mais n'y fit pas attention. Des fantômes avec lesquels elle s'entendait à merveille circulaient depuis toujours dans la vieille maison. Les murs et les planchers craquaient comme s'ils avaient voulu parler. Rien d'inquiétant. Elle pouvait retourner à sa rêverie en toute quiétude.

Dans le corridor, Lys-Aimée s'éloigna sur la pointe des pieds en retenant son souffle et en pes-

tant contre ces vieilles planches bavardes et ces
vieilles dames secrètes et insolentes. Bien sûr, elle
réalisait l'ampleur de sa faute. Elle devait à tout le
moins s'excuser, sinon trouver un moyen de réparer.
Mais elle n'arrivait pas à éprouver de remords. Aux
prises avec un sentiment difficilement identifiable,
mi-fureur, mi-pitié, assaisonné d'un zeste d'attendris-
sement, elle en voulait à sa tante.

Elle dormit très peu et très mal cette nuit-là. Et
le lendemain matin, contrairement à son habitude —
depuis son arrivée, elle avait largement profité de
son statut de convalescente pour faire la grasse matinée —, elle descendit dès sept heures, sans faire de
bruit, avec l'intention de préparer un petit déjeuner
somptueux pour toute la famille. Derrière cette soudaine générosité se cachait le désir inavoué d'ama-
douer sa tante et, surtout, de la surprendre.

— Tu es bien matinale, ce matin.

Lys-Aimée sursauta en voyant Marguerite confortablement installée dans la berceuse, une couverture de laine la couvrant de la taille aux pieds.

— Vous allez mieux ?

— Je crois que oui. J'ai pu me lever avec l'aide
de Félicité.

— Elle est déjà debout !

La malade rit de bon cœur.

— Bien sûr ! Et depuis longtemps ! En ce
moment, elle est à l'église en train d'écouter la

première messe. Elle a même eu le temps de préparer le déjeuner. Regarde dans le four, tu y trouveras de belles crêpes toutes chaudes.

Déçue d'avoir été prise de vitesse, Lys-Aimée mangea sans grand appétit. La journée serait longue malgré un soleil radieux. Désœuvrée, la jeune fille sortit et se posta sous le saule. Sa tante ne tarda pas à arriver par le sentier de la grève. Toute à ses pensées, elle ne vit pas sa nièce, à moins qu'elle ne choisît de ne pas la voir, et entra dans la maison sans l'avoir saluée. Toute la matinée, elle vaqua aux tâches ménagères, reçut le médecin venu examiner Marguerite, travailla dans le jardin. Lys-Aimée la suivit à la trace, épiant ses moindres gestes, tentant par tous les moyens d'attirer son attention, consciente pourtant que son insistance ne faisait qu'aggraver son cas.

— Je peux vous aider?

— Non, merci.

À plusieurs reprises, elle tenta d'entamer un dialogue, de participer aux menus travaux, mais sa tante gardait ses distances.

— Vous avez besoin de quelque chose au magasin général?

— Non, rien.

Elle avait beau se faire repentante, serviable, sa tante restait de glace. Ni en colère ni compatissante, seulement indifférente.

— Je peux m'occuper du jardin, si vous voulez.

— Merci, je préfère m'en occuper moi-même.

Lys-Aimée ne savait plus de quelle façon quémander son pardon. Cette situation l'attristait tout en attisant sa colère. Habituée à l'estime des siens, choyée depuis toujours, elle supportait mal cette froideur. Sa frustration la rendait maladroite. Elle aurait dû se faire oublier plutôt que d'insister de cette façon, mais aucune autre solution ne lui venait à l'esprit. Félicité l'attirait comme un aimant. Se trouver près d'elle revêtait soudain une importance capitale. On lui lançait un défi, elle le relevait.

— Je peux vous accompagner ?

Sa tante sortait.

— Non.

Félicité n'avait pas tourné le coin de la rue que déjà sa nièce se lançait à sa poursuite. Elle la suivit de loin jusqu'au magasin général d'où Félicité ressortit quelques instants plus tard, les mains pleines de victuailles.

Sur le chemin du retour, la vieille demoiselle se retrouva devant un groupe de très jeunes garçons qui formaient un cercle sur le trottoir. Ne voulant pas faire un détour inutile, Félicité décida de bousculer les garçons qui prenaient toute la place et de briser leur cercle.

— Mais qu'est-ce que vous faites là ! s'écriat-elle aussitôt qu'elle vit l'objet de leur amusement. Vous n'avez pas honte ?

Au milieu des enfants agenouillés, un pauvre écureuil essayait de se sauver, effrayé par les clochettes accrochées à sa queue. Les garnements lui avaient passé une corde autour du cou et s'amusaient à le voir se débattre et s'affoler en poussant des cris stridents.

— Comment pouvez-vous vous attaquer à un si petit animal ! Disparaissez ou vous aurez affaire à moi !

Sa voix autoritaire et rauque, son visage sévère et ses gestes tranchants eurent raison de l'audace des jeunes garçons. Ils préférèrent décamper.

Félicité déposa ses paquets et s'approcha prudemment du pauvre animal apeuré. Du sang coulait d'une petite blessure à la patte.

— Ne bouge pas. N'aie pas peur.

Une douceur surprenante, presque risible, émanait de sa voix et de ses gestes. Lys-Aimée, qui était restée à l'écart pendant toute l'altercation, ne put résister plus longtemps au désir de la rejoindre.

— Aidez-moi, ordonna Félicité, heureuse de la voir. Il faut lui enlever ces clochettes. Faites attention, il pourrait vous mordre.

Pendant que la jeune fille immobilisait l'animal, sa tante le débarrassait de son boulet.

— Pouvez-vous le prendre ? Nous allons l'amener à la maison.

L'écureuil se débattait. Et plus il se débattait, plus sa blessure saignait. Lys-Aimée avait les mains pleines de sang. C'était un tout jeune animal à qui le désespoir et la peur donnaient une énergie insoupçonnée.

— Attendez! J'ai ce qu'il vous faut.

Les deux femmes relevèrent la tête en même temps. Un jeune homme leur tendait une grande serviette. Dans ses cheveux blonds brillaient quelques grains de sable. Il arrivait de la plage.

— En l'enveloppant dans cette serviette, vous pourrez plus facilement le transporter.

Il les accompagna à la maison et les aida à panser l'animal qui, à force de douceur, se calma un peu. Ils le placèrent dans une cage improvisée, une boîte de bois sur laquelle le jeune homme cloua un couvercle. Tous les trois s'amusèrent ensuite à regarder leur protégé grignoter tout ce qu'on lui proposait.

— Je dois partir; on m'attend.

— Je vous remercie, dit Félicité. Sans vous, nous n'y serions pas arrivées.

— Ce n'est rien.

Il avait répondu en regardant Lys-Aimée. Celle-ci le reconduisit jusque sur la galerie. Avant de partir, il lui tendit la main. Une main chaude, forte, qui s'attarda sur les doigts fuselés de l'adolescente.

— Je vais à la plage tous les jours, dit-il.

Quand il disparut, Lys-Aimée constata avec étonnement qu'elle ne savait pas son nom.

Pierre-Alexis Tremblay, le fiancé de Laure Conan.
Celle-ci s'inspira probablement de lui pour créer le personnage
de Maurice dans *Angéline de Montbrun*.

4

Raphaël

— Regarde comme il est drôle !

Félicité s'amusait des prouesses de l'écureuil avec la fierté un peu naïve d'une mère devant les exploits de son enfant. Lui seul réussissait à la faire sortir de sa réserve habituelle. Lys-Aimée en éprouvait un certain dépit. À vrai dire, elle était rongée de jalousie. Là où elle avait échoué, un petit écureuil tout bête avait réussi en quelques jours. Elle ne pouvait quand même pas s'emplir les joues de cacahuètes ou rouler absurdement dans un tonnelet ! En attendant mieux, elle ne pouvait que se rallier à l'engouement de sa tante.

— On dirait qu'il vous reconnaît !

L'animal émettait en effet un son différent lorsqu'il apercevait la vieille demoiselle. Celle-ci grimaça un sourire et ses yeux s'embrumèrent d'émotion.

— Je vais préparer le dîner, dit-elle, un peu honteuse de son exaltation.

Lys-Aimée la regarda s'affairer dans la cuisine sans lui offrir son aide. D'abord parce qu'elle n'avait le goût de rien, ensuite parce qu'elle avait compris que Félicité préférait de beaucoup n'avoir personne dans les jambes quand elle cuisinait. Elle mettait d'ailleurs une passion étonnante dans cette activité. Elle ne cuisinait pas, elle créait, et certains de ses plats, surtout ceux pour lesquels elle utilisait les produits de son jardin, étaient de purs chefs-d'œuvre.

L'adolescente lui enviait cette faculté de se retirer ainsi du monde, d'inventer son propre univers. Cette femme étrange, qu'elle connaissait à peine, ne cessait de la surprendre. On ne pouvait ni l'aimer ni la détester bien longtemps. Constamment, et sans ménagement, elle bousculait vos certitudes. Tantôt indifférente jusqu'à la cruauté, secrète et hargneuse, tantôt fragile, attachante, d'une tendresse maladroite, elle vous heurtait toujours de plein fouet, pour le meilleur ou pour le pire. Jamais de demi-mesures. À la fois fascinante et rebutante.

Lys-Aimée s'y retrouvait difficilement.

Heureusement, le petit écureuil et le rôle qu'elle avait joué dans son sauvetage semblaient avoir fait oublier à sa tante l'épisode des valises. Sans être tout à fait amicale, celle-ci avait du moins renoncé à son attitude glaciale et acceptait maintenant d'échanger quelques mots avec sa nièce. C'était un début, certes, mais à ce moment précis de sa convalescence, la jeune fille, incapable de surmonter sa lassitude, réclamait beaucoup plus. Il lui semblait, depuis quelques jours, que la terre ne tournait plus. L'air devenait irrespirable, le silence insupportable. Comment combattre cette douloureuse mélancolie? À qui demander de l'aide? La pauvre tante Marguerite employait toute son énergie à guérir. L'oncle Élie ne comprendrait pas. Pour lui, le bonheur représentait un devoir sacré. Le docteur Lemieux? Il passait la voir régulièrement, mais ne savait soigner que le corps; les douleurs de l'âme lui échappaient. Ne restait que Félicité qui opposait à ses appels au secours son esprit empesé, sa réserve sans nuances.

— Je vais au jardin quelques secondes. J'ai besoin de laitue.

Félicité sortit avec ciseaux et panier.

Quand l'oncle Élie rentra, une heure plus tard, elle n'était toujours pas revenue.

— Je vais la chercher, dit Lys-Aimée au notaire contrarié par ce retard.

La jeune fille trouva sa tante en train de sarcler sous les plants de tomates auxquels elle avait mis de nouveaux tuteurs. En apercevant sa nièce, Félicité se rappela d'un coup les ciseaux, le panier et la laitue. Sans dire un mot, elle rentra dans la maison et servit son frère qui perdit aussitôt sa mauvaise humeur.

— Il fait un soleil extraordinaire, dit-il, j'espère que vous allez en profiter.

Lys-Aimée ne répondit pas. Elle n'avait d'ailleurs presque rien dit depuis deux jours. Son oncle s'inquiéta.

— Tu es toute pâle. Tu te sens bien ?

— Elle manque d'air, marmonna Félicité.

Puis elle se tourna vers la jeune fille :

— Vous devriez aller à la plage cet après-midi, ça vous ferait du bien.

— Tu n'y penses pas ! s'écria le notaire. Ce n'est pas la place d'une jeune fille. Surtout pas toute seule !

Lys-Aimée suivait avec intérêt cet échange verbal. Sans trop espérer cependant. Elle avait tenté à plusieurs reprises de fléchir son oncle, mais il n'en démordait pas : la plage était un lieu de perdition dont on ne revenait jamais intact. Elle regarda sa tante, suppliante. Celle-ci réussirait peut-être à plaider sa cause. Mais Félicité mangeait lentement, déjà ailleurs, comme désintéressée de la question. Dépitée, la jeune fille se pencha vers son assiette pour cacher ses larmes. Le repas se termina dans un silence indigeste.

Dès que son frère fut parti, Félicité se leva de table.

— Voulez-vous débarrasser? demanda-t-elle. Je dois sortir quelques instants.

Lys-Aimée avait à peine mis la vaisselle dans l'évier que la vieille demoiselle revenait avec Mme Dumas, une voisine.

— Allez vous préparer, lui ordonna sa tante, nous allons à la plage. Mme Dumas a accepté de tenir compagnie à Marguerite.

— Mais… bafouilla la jeune fille en pointant la porte du menton. Oncle Élie…

— Nous n'avons pas toute la journée, la coupa Félicité de sa voix rêche.

À peine quelques instants plus tard, toutes les deux, la nièce et la tante, empruntaient le sentier menant à la plage. La vieille demoiselle n'avait rien changé à sa tenue : robe brune et souliers d'hommes. Elle avait seulement ajouté un immense chapeau de paille à son accoutrement. Derrière elle, Lys-Aimée avait du mal à retenir un fou rire à la vue de ce couvre-chef qui aurait pu faire le bonheur de toute une colonie d'hirondelles.

Heureusement, sa tante n'avait pas accroché de rubans à cet édifice !

La vieille demoiselle, ainsi attifée, paraissait franchement ridicule mais, toute à son bonheur, la jeune fille ne s'en formalisa pas. Elle serrait sur sa poitrine le grand panier d'osier où elles avaient fourré en toute hâte quelques serviettes, quelques fruits et un livre pour Félicité, et courait d'un pas léger derrière sa tante, le regard ébaubi, stupéfaite de la tournure des événements. Jamais elle n'aurait espéré le salut de ce côté-là. Cette vieille sorcière qui faisait peur aux enfants pouvait donc devenir une fée ? Félicité. Tante Fé. Elle regardait la longue jupe brune battre les mollets musclés et se prenait maintenant d'affection pour cette demoiselle si bizarre aux réactions imprévisibles. Elle savait, d'ores et déjà, qu'elle vouerait à tante Fé une reconnaissance sans bornes.

Arrivées sur la plage, les deux femmes constatèrent, au grand déplaisir de l'une et à l'immense joie de l'autre, que les étrangers avaient déjà envahi les lieux. La Malbaie et ses voisines, Pointe-au-Pic et Cap-à-l'Aigle, constituaient depuis de nombreuses années des lieux de villégiature très recherchés. Les touristes y affluaient dès les premiers beaux jours et certains s'y attardaient même jusqu'aux premières brises de l'automne. Ils logeaient un peu partout, dans de grandes villas cossues ou dans de modestes maisons de pension. On les apercevait à peine au village, mais ils accaparaient la plage sans vergogne. Ils étaient venus pour ça.

Mlle Félicité abhorrait ce va-et-vient continuel, cet envahissement contre lequel personne ne pouvait rien. Mais comme tous ceux et celles qui étaient nés sur ses rives, elle ne pouvait se passer du fleuve très longtemps. Dans sa jeunesse, elle préférait déjà les bains de mer à tous les bals et à tous les dîners. Maintenant, elle se contentait de regarder, heureuse tout de même de profiter de l'air salin, à nul autre pareil.

— La Malbaie n'a vraiment qu'un seul défaut, maugréa-t-elle.

— Lequel, tante Fé ?

Sans répondre, la tante jeta un regard sans ambiguïté sur cet étalage de bras et de jambes entremêlés. Ce n'était pas sa pudeur qui la taraudait, mais bien son goût de la solitude et sa vénération pour la nature. Elle aimait avant toute chose observer le jeu des saisons, écouter les murmures du fleuve qui devenaient hurlements quand celui-ci se prenait pour la mer. Ces étrangers n'avaient de respect pour rien et s'arrogeaient tous les droits, surtout celui de ne rien faire.

— Et ça se promène...

Elle avait marmonné pour elle-même. Lys-Aimée, impatiente de se mêler aux vacanciers, la pressa un peu, trop excitée pour faire attention à sa mine revêche. Elle scrutait l'horizon dans l'espoir d'apercevoir des cheveux plus blonds que les autres, mais le soleil l'aveuglait.

— Où nous installons-nous ? demanda-t-elle.

Félicité lui prit le grand panier des mains.

— Je vais m'installer là-bas, dit-elle en désignant un coin retiré entre deux rochers, dédaigné par les vacanciers parce que trop ombragé. Vous viendrez m'y retrouver. Et surtout, soyez prudente.

Elle s'éloigna d'un pas qui se voulait assuré malgré que ses gros souliers s'enfonçassent dans le sable. On ne vit bientôt plus que son immense chapeau qui planait comme un oiseau de malheur au-dessus de cette jeunesse bruyante. À sa grande honte, Lys-Aimée éprouva un certain soulagement à la voir ainsi prendre ses distances. Elle n'était pas sans avoir remarqué les regards moqueurs et parfois méprisants des vacanciers. La vieille demoiselle ne passait pas inaperçue et sa présence inusitée sur cette plage dédiée à la frivolité et au soleil provoquait des railleries voisines de l'impertinence. Un point noir dans ce jaune éclatant... Mais Félicité n'en continuait pas moins son chemin, indifférente aux réactions qu'elle suscitait, et Lys-Aimée, tiraillée, prise au piège encore une fois, n'arrivait plus à détacher son regard de cette silhouette insolite, si seule, si faible, et pourtant si forte, si multiple.

— Vous venez vous baigner, mademoiselle ? L'eau est très bonne aujourd'hui.

Le jeune homme lui souriait avec l'audace de la jeunesse. Torse nu, le teint bronzé, des cheveux d'or emmêlés, brûlés par la mer. Il souriait si gentiment. À ce moment précis, Lys-Aimée comprit que c'était de lui qu'elle s'était languie tout ce temps. De nuit comme de jour, il ne l'avait plus quittée. Elle rougit, craignant et souhaitant qu'il devine ses pensées. Il lui prit la main et l'entraîna vers le fleuve où elle s'aventura sur la pointe des pieds, frileuse, ne sachant plus très bien d'où lui venaient ces frissons. Il se moqua d'elle avec tellement de charme qu'elle en redemanda. Très vite, plusieurs jeunes se joignirent à eux.

Tenue en laisse, comme toutes les jeunes filles de bonne famille, Lys-Aimée n'avait pas l'habitude de ce commerce léger, de cette camaraderie sans cérémonie ni chaperon. Toute à cette liberté nouvelle, elle oublia l'heure, voulut croire que ce soleil-là ne se coucherait jamais. Il s'appelait Raphaël, venait de Montréal, était là pour les vacances. Elle croyait rêver. Glacée jusqu'aux os, elle n'osait pas sortir de l'eau, de peur de ne plus jamais le revoir. Dans l'eau, il lui appartenait ; les vagues l'emprisonnaient, le repoussaient constamment vers elle. Elle aurait accepté de mourir pour le voir encore plonger puis remonter à la surface, le souffle court, ses deux mains sur son front pour retenir ses cheveux. Elle devait certainement rêver. La vie ne faisait pas de si merveilleux cadeaux.

Si seulement elle avait su à quelle vitesse les plus beaux rêves peuvent se transformer en cauchemar.

∞

Elle fut probablement la dernière à l'apercevoir. C'est d'abord dans les yeux de Raphaël qu'elle vit que quelque chose n'allait pas. Alors seulement elle remarqua que les gens s'écartaient d'eux, certains scandalisés, d'autres se mordant les lèvres pour ne pas rire. Les enfants se taisaient, admiratifs devant cette dame d'un âge certain, vêtue d'une longue robe brune, qui s'avançait dans le fleuve, souliers aux pieds, tenant d'une main un chapeau tellement grand qu'il aurait pu la sauver en cas de naufrage et, de l'autre, un panier d'osier mal fermé.

Arrivée à la hauteur de Lys-Aimée, Félicité s'arrêta et annonça avec l'impassibilité d'un chef de gare : « Nous rentrons » ; puis elle repartit comme elle était venue, les vagues léchant sa grande robe sombre sur laquelle le soleil collait effrontément des paillettes.

D'abord sidérée par l'audace inconvenante de sa tante, puis profondément humiliée d'être ainsi rappelée à l'ordre devant ses nouveaux amis, Lys-Aimée la suivit sans même penser à saluer Raphaël. Les bizarreries de sa tante avaient tout gâché. Elle était devenue objet de dérision. Plus jamais elle n'oserait se montrer sur la plage. L'une derrière l'autre, elles s'élancèrent vers le sentier et revinrent à la maison sans avoir échangé une seule parole. Avant d'entrer, Félicité se tourna vers sa nièce. Celle-ci, empêtrée dans sa rancœur, lui offrit un visage fermé. Elle en voulait à la terre entière, et elle avait peur. Si sa tante allait raconter cette mésaventure au notaire ou, pis encore, à ses parents! On pourrait l'obliger à partir... Ne plus revoir Raphaël... Elle ne pourrait pas supporter son regard railleur, mais elle mourrait de ne plus le revoir. Cette cruelle perspective la radoucit. Elle fit un pas vers sa tante, prête à s'excuser de tout pourvu qu'on ne la renvoyât pas chez elle. Elle méritait une semonce; elle accepterait de bonnes grâces une sévère punition, mais qu'on la garde encore un peu à La Malbaie! Le temps de le revoir sans qu'il la voie. Le temps de l'aimer à la dérobée, de suivre sa piste, de toucher ce qu'il aura touché.

— Excusez-moi, dit-elle avec des larmes dans les yeux. J'aurais dû...

La vieille demoiselle secoua la tête dans un geste d'impatience. Son regard brouillé fixait Lys-Aimée. Elle dit simplement:

— La grande infortune, c'est de tomber des hauteurs de l'amour.

Puis, sans s'expliquer, sans même attendre une réponse, elle rentra, comme si tout cela ne la concernait plus, laissant perplexe sur la galerie une jeune adolescente déjà hantée par son premier amour.

⚭

Elles ne se parlèrent plus de la journée.

Dans la soirée, Félicité disparut pendant plus d'une heure. Lys-Aimée, qui s'était retirée dans sa chambre, ne l'entendit pas rentrer.

Pourtant, dès son réveil, le premier son qui lui parvint fut la voix rude de sa tante montant du jardin. Elle avait rêvé toute la nuit sans vraiment dormir et il lui fallut quelques secondes pour comprendre qu'une nouvelle journée commençait.

Mlle Félicité admonestait vertement deux jeunes garçons qui avaient voulu lui chaparder des roses. Les enfants se sauvaient à toutes jambes vers la rivière Mailloux, déjà prêts à puiser de nouveau dans leur répertoire de mauvais coups, celui-ci ayant échoué. La jeune fille les regarda courir avec l'indulgence d'une grande personne. Leurs jeux lui semblaient si enfantins. Hier encore, elle aurait pu s'en amuser; aujourd'hui, elle s'en désintéressait complètement.

Quelques minutes plus tard, elle pénétra dans la cuisine alors que Félicité revenait du jardin, les mains pleines de terre. Elles se saluèrent assez froidement, la plus jeune mal à l'aise et inquiète, la plus vieille, détachée de tout.

— Comment va tante Marguerite ?

— Bien. Elle a passé une bonne nuit.

L'oncle Élie était déjà parti. Le soleil entrait par toutes les fenêtres. La jeune fille pensa à la plage, à Raphaël qui allait sûrement l'attendre, et sa déception à lui la blessa plus profondément que sa propre peine.

Les minutes puis les heures passèrent.

Elle tournait en rond, de sa chambre à la cuisine, de la galerie au jardin. Jusqu'à ce qu'elle eût dévidé toutes ses réserves de patience et de modération. À onze heures trente-deux, le fil qui la retenait se rompit dans sa tête. Elle n'en pouvait plus ; il lui fallait se rendre à la plage. Elle concocta un plan qu'elle allait mettre à exécution lorsque la petite clochette de tante Marguerite résonna faiblement dans la cuisine.

Ce petit signal insignifiant allait réduire à néant tous ses beaux projets.

La malade suffoquait. Incapable de parler, elle tendait la main vers la fenêtre, réclamant de l'air.

— Courez vite chercher le médecin, ordonna Félicité.

Lys-Aimée ne se le fit pas dire deux fois. Elle se précipita chez le docteur Lemieux qu'elle força à abandonner ses patients. Ceux-là pouvaient attendre.

De retour à la maison, la jeune fille le laissa entrer seul dans la chambre de sa tante et elle se réfugia sous la tonnelle. Le manège des oiseaux l'amusait et la rassurait, comme un bon présage. Tante Marguerite n'allait pas mourir. Des larmes lui montèrent aux yeux à la pensée des beaux cheveux blancs de la vieille dame. Pour la première fois aujourd'hui, elle les avait vus dénoués. Ils flottaient sur l'oreiller comme l'écume des vagues, légers, donnant à la malade des allures de vieille jeune mariée. Mais le visage ne reflétait que la souffrance et la peur. Ses grands yeux affolés, sa bouche ouverte... Tante Marguerite ne devait pas mourir. Lys-Aimée aurait presque eu le goût de lui demander, comme une faveur, d'attendre son départ. Égoïstement. Elle ne voulait pas être là, assister à sa mort, impuissante. Elle n'avait pas l'âge de la mort. Son âge à elle était celui de la vie, de l'amour. Raphaël.

Une heure plus tard, elle entendit claquer la porte moustiquaire. Elle se précipita vers le docteur Lemieux qui comprit son désarroi.

— Elle va aller mieux, dit-il en lui touchant l'épaule. Elle nous a fait une belle frousse, mais c'est passé maintenant. Va la voir, elle sera contente. Mais il faut sourire, ajouta-t-il en lui pinçant le menton.

La jeune fille, rassurée, franchit les trois marches de la galerie d'un seul bond et pénétra dans la maison. Elle poussa doucement la porte de la chambre et surprit les deux sœurs qui se tenaient par la main. Il régnait dans la petite pièce un tel climat de recueillement et de compassion qu'elle n'osa pas entrer. Elle resta là, immobile dans l'entrebâillement de la porte, incapable d'avancer, encore moins de reculer. Félicité, penchée sur sa sœur, lui tournait le dos.

— Excuse-moi, murmura Marguerite d'une voix tremblante. Excuse-moi. À cause de moi, tu négliges ton travail. Il ne faut pas... C'est trop important! Ton œuvre est trop importante et trop belle. Pardonne-moi...

Félicité ne disait rien, mais elle branlait la tête en signe de dénégation.

Lys-Aimée, mal à l'aise, voulut se retirer. Elle tenta un recul, mais un craquement du plancher trahit sa présence. Aussitôt, tante Fé se retourna. Il y avait dans ses yeux gris ce brouillard étrange, comme un écran entre elle et la vie. Elle était en dehors de l'instant présent, inaccessible. En apercevant sa nièce, elle se leva, lui céda sa place près de la malade et quitta la chambre en recommandant:

— Ne la fatiguez pas.

Quoique ébranlée par ce regard auquel elle ne s'habituait pas, la jeune fille sourit comme l'avait ordonné le médecin.

— J'ai eu très peur, dit-elle.

Marguerite lui prit la main. Sa façon à elle de dire: «Je t'aime.»

— Vous allez guérir, n'est-ce pas ?

— Mais oui, nous allons guérir toutes les deux. Tu prends bien soin de toi ?

— Oui.

Elles parlèrent doucement, de tout et de rien, mais une question brûlait les lèvres de la jeune fille.

— De quelle... œuvre parliez-vous tantôt avec tante Fé ?

— De ses livres. Tu sais que ta tante écrit des romans...

— Des romans ? s'étonna l'adolescente, fascinée par ce seul mot. Vous êtes certaine ? Est-ce qu'une femme peut écrire des romans ?

— Mais oui, ma chérie. Ta tante est la première romancière de ce pays. Il faut en être fière. Je suis surprise que ton père ne t'en ait pas parlé. À ton âge, tu devrais avoir lu ses livres. Je suis sûre qu'ils te plairaient.

Sidérée, Lys-aimée ne sut que répondre. Tout ce qu'elle trouva à dire, c'est :

— Elle n'a pas l'air d'un... écrivain.

Tante Marguerite rit de bon cœur, malgré sa fatigue. Elle comprenait si bien la remarque de la jeune fille. Avec ses manières brusques, parfois frustres, son visage ingrat et souvent dur, à la limite de l'impassibilité, et cette voix si masculine qui rebutait tous ses interlocuteurs, sa sœur ne répondait pas à l'idée que l'on se faisait d'un écrivain.

— Il ne faut surtout pas se fier aux apparences...

Marguerite aurait voulu vanter à sa nièce l'esprit fin, délicat et nuancé que sa sœur révélait dans ses œuvres, mais pour le moment la fatigue l'emportait sur l'affection. Et d'ailleurs, comment expliquer à une si jeune personne qu'il est des renoncements douloureux mais nécessaires et que, parfois, des êtres humains renoncent aussi à eux-mêmes ?

Trop lasse, elle remit à plus tard cette conversation et se contenta de désigner un livre rangé sur une petite table d'appoint entre deux serre-livres de bronze.

Lys-Aimée prit le volume. *Angéline de Montbrun* de Laure Conan.

Intriguée, elle regarda la malade.

— Laure Conan ?

— Ou Félicité Angers. C'est la même personne. Maintenant, va, je vais dormir un peu.

Lys-Aimée quitta la chambre en emportant le livre. Plutôt que de monter à l'étage, elle sortit de la maison et s'assit sous le grand saule, tournant ainsi le dos aux rumeurs discrètes de la rue.

Elle caressa un moment la couverture rigide, craignant de l'ouvrir. Elle pressentait qu'à l'intérieur de ces pages lui seraient révélés des secrets, et malgré sa curiosité, elle hésitait.

— Pardon, mademoiselle... Je ne voudrais pas vous déranger.

Raphaël était là. Plus grand, plus beau, plus vrai que la veille. Elle se leva, tremblante, se reprochant d'avoir vécu ces dernières heures sans penser à lui. Des centaines et des centaines de minutes de trahison à se faire pardonner.

Se méprenant sur la raison de son mutisme, il crut bon de préciser :

— Je ne voudrais surtout pas vous importuner, je vois que vous lisiez.

Instinctivement, Lys-Aimée cacha le livre derrière son dos.

— Ce n'est rien, dit-elle en haussant les épaules. Je passais le temps.

Elle voulait garder pour elle cette découverte ; c'était son jardin secret où nul ne devait pénétrer. Deuxième trahison.

— J'ai pensé que nous pourrions peut-être aller faire une promenade... Si votre tante le permet.

— Pouvez-vous m'attendre un instant ? Je reviens.

Sans faire de bruit, elle grimpa à l'étage, déposa le livre sur son lit, attrapa un chapeau, se regarda rapidement dans le miroir pour replacer quelques mèches de cheveux, et redescendit.

— Je vais me promener, lança-t-elle en sortant, croyant ainsi éviter les questions.

Félicité se trouvait dans le jardin, à l'abri des indiscrétions. Elle regarda sa nièce s'éloigner en compagnie du jeune homme. De la brume dans ses yeux.

Un peu plus loin, arrivant à l'autre bout de la rue, le notaire aperçut lui aussi les jeunes gens.

Autoportrait de Laure Conan.

5

La folle au jupon

— Qui était ce jeune homme ?

Lys-Aimée, perdue dans ses pensées, ne répondit pas tout de suite à son oncle. Celui-ci avala de travers et réitéra sa question. Un pli s'était creusé entre ses yeux.

— Avec qui étais-tu cet après-midi ?

Le notaire s'était juré de rester calme et de ne rien brusquer, mais cette erreur de jugement de sa nièce lui déplaisait grandement et sa désapprobation transparaissait dans sa voix.

— J'étais avec Raphaël, répondit enfin Lys-Aimée avec un large sourire.

Elle n'avait rien fait de mal; elle n'avait surtout rien à cacher et son oncle ne devait pas s'inquiéter.

— Et qui est ce Raphaël?

— Il vient de Montréal. Il est en vacances chez des amis de ses parents.

— Et qui sont ses parents?

— Je ne sais pas.

— Et qui sont les amis de ses parents?

— Je ne sais pas.

— À ce que je vois, tu ne sais pas grand-chose. Je te prierais donc de ne plus le revoir tant que nous n'en saurons pas plus sur son compte. Il est très mal vu pour une jeune fille de se promener seule avec un inconnu.

— Mais...

— Je crois que tes parents m'en voudraient d'approuver une telle conduite. Je ne peux en prendre la responsabilité. Je désire que tu restes loin de ce jeune homme ou je devrai appeler tes parents pour leur demander leur avis.

Lys-Aimée, surprise d'une telle intransigeance chez son oncle, habituellement si jovial, regarda Félicité, quémandant un appui. Celle-ci n'avait encore rien dit; son indifférence désolait la jeune fille qui espérait, sinon une prise de position, du moins une certaine compassion. Sa tante connaissait Raphaël; elle avait profité de sa gentillesse. Elle aurait pu prendre sa défense, expliquer. Mais elle se taisait. Au moment où la jeune fille aurait eu le plus besoin d'elle, elle la laissait tomber. Belle façon de se venger de son bain forcé!

Lys-Aimée lui en voulait de toute son âme. Comment avait-elle pu penser qu'une vieille fille, laide à faire peur et sans aucune sensibilité, aurait pu comprendre son amour pour Raphaël? Comment pourrait-elle seulement concevoir qu'elle voulût être avec lui toujours? Elle l'imaginait, rêvait de lui tout éveillée, lui parlait quand il n'était pas là. Et quand il était là, elle s'ennuyait de lui, trop consciente qu'il devrait bientôt partir.

Aujourd'hui, ils avaient marché longtemps sans parler. Parfois leurs épaules se touchaient, leurs mains se frôlaient. Timide, et encore honteuse de la conduite de sa tante, elle n'avait pas osé le regarder en face, même si elle désirait plus que tout voir son beau visage hâlé, ses cheveux faits pour l'été. S'il avait pu se tenir là, devant elle, immobile, qu'elle se gave de lui, en fasse le tour, l'explore comme une terre vierge. Parfois, elle ralentissait un peu le pas, juste assez pour pouvoir l'observer à la dérobée, se rassasier sans rougir de son corps fort et harmonieux, jusqu'à ce qu'il se retourne, inquiet de ne plus la sentir près de lui.

Elle était revenue de cette promenade à la fois triste et heureuse, le cœur vide et pourtant prêt à déborder, inquiète et rassurée, ne sachant plus très bien qui elle était elle-même, ni ce qu'elle désirait vraiment. Elle avait besoin d'aide pour se retrouver, besoin d'une oreille attentive, capable de la guider dans l'inextricable labyrinthe de ses sentiments.

Elle regarda encore une fois sa tante Fé, attendant d'elle elle ne savait trop quoi, l'impossible peut-être. Celle-ci se leva pour desservir. Elle ne ferait donc rien! Pas un geste, pas un mot? Élie la regardait lui aussi aller et venir dans la cuisine. Mal à l'aise d'avoir dû sévir, lui aussi réclamait de l'aide. D'un naturel bon enfant, il préférait de beaucoup la bonne intelligence entre gens de bon sens aux altercations, aussi minimes fussent-elles. C'est d'ailleurs ainsi qu'il comprenait son métier: mettre cartes sur table pour éviter les disputes.

Félicité revint avec une assiette de galettes chaudes.

— Demain, dit-elle, en déposant le plat sur la table, je ferai mon gâteau au café et nous inviterons Raphaël à souper.

Lys-Aimée leva la tête vers sa tante en se demandant si elle avait bien entendu. Félicité repartait déjà pour préparer le thé. C'était à se demander si elle avait vraiment parlé. La jeune fille se mordit les lèvres pour ne pas crier et se tourna vers son oncle. Celui-ci sourit et hocha la tête, trop heureux de cette solution pour ne pas y consentir. Sa nièce ne devait pas fréquenter un inconnu, mais si cet inconnu devenait un ami de la famille, où était le mal? Personne ne pourrait l'accuser de ne pas avoir respecté toutes les règles de la bienséance. D'ailleurs, toutes ces histoires de femmes l'ennuyaient et l'effrayaient à la fois. Il n'y comprenait rien.

— Nous irons ensemble l'inviter après la messe, dit-il enfin.

Cet incident réglé, il préféra se replier au salon pour fumer sa pipe en toute quiétude.

Lys-Aimée n'avait donc pas rêvé! Demain, Raphaël. Demain. Elle serra les poings et ferma les yeux pour contenir en elle cette immense joie qui voulait exploser.

Quelques heures plus tard, alors que la noirceur enserrait la maison et que chacun s'était retiré dans sa chambre, Lys-Aimée entendit craquer le plancher du corridor. Curieuse, elle entrouvrit sa porte et surprit Félicité en robe de chambre qui se dirigeait vers l'escalier.

Elle la suivit le plus discrètement possible.

Très à l'aise dans l'obscurité, la vieille demoiselle se rendit au jardin et s'assit sous la tonnelle. Elle resta là, immobile dans la nuit, éclairée uniquement par un faible quartier de lune. Dans le silence nocturne, si pénétrant qu'il donnait la chair de poule,

Félicité semblait une pythie attendant le début d'un rituel sacré. Lys-Aimée la devinait, assise très droite sur son trône de pierre, présidant quelque cérémonie secrète. Il émanait de son corps une énergie lumineuse, comme une aura dont on ne peut s'approcher et qui pourtant attire. À ce moment précis, tout aurait pu survenir.

Et pourtant, il ne se passa rien.

Au bout de quelques minutes, la jeune fille frissonna dans sa robe de nuit. Le fond de l'air était frais. Elle se résigna à rentrer, laissant dans l'obscurité une vieille dame seule qui n'avait besoin de personne.

Revenue dans sa chambre, elle se pelotonna frileusement sous les couvertures pour se réchauffer. Longtemps, elle songea à sa tante sans pouvoir dormir. Pourquoi la suivait-elle ainsi, s'attendant toujours à quelque miracle, comme si cette vieille fille étrange devait soudain se transformer sous ses yeux en une princesse de conte ou en un animal mythologique ? Comme si, en sa présence, les événements les plus saugrenus devaient survenir.

La fatigue aidant, elle en vint à rire d'elle-même, de ses fantasmes de jeune fille romantique qui accepte mal une réalité trop simple. Félicité n'était, en fait, ni fée ni sorcière, mais seulement une vieille personne croyante pour qui seule comptait sa foi inébranlable en un Dieu exigeant et imprévisible auquel elle avait tout sacrifié.

Et pourtant...

Il y avait autre chose.

Comme un halo de lumière, un brasillement autour d'elle qui parfois aveuglait, une fulgurance qui illuminait son visage, perçait la cuirasse. Rien de défini. Une simple impression.

Et pourtant...

Grâce à Félicité, Lys-Aimée avait rencontré Raphaël. Et demain, toujours grâce à elle, il s'assoirait, tout près ; la maison s'imprégnerait de son odeur. Il serait là. Raphaël.

Elle s'endormit en murmurant son nom et pensait encore à lui au réveil, comme s'il ne l'avait pas quittée de la nuit. Son ombre voguait dans la chambre, si réelle qu'elle tendit le bras dans le vide pour la toucher.

La lumière traversait à peine les rideaux.

Après s'être longuement étirée, la jeune fille se leva et poussa les lourdes tentures pour faire entrer le jour le plus beau de toute sa courte vie. En se penchant pour regarder la rue, elle resta cependant abasourdie par le spectacle qui s'offrait à elle. Sa tante Fé, chapeautée et gantée comme il se doit, se rendait à l'église. Jusque-là, rien d'étonnant. Mais la vieille demoiselle avait tout simplement oublié d'enfiler sa robe. Elle déambulait, le nez en l'air, humant les parfums de l'aube... en jupon.

Lys-Aimée, un instant éberluée, se frotta vigoureusement les yeux avant de se ressaisir. Elle enfila alors la première robe qui lui tomba sous la main et se précipita derrière sa tante. Quand elle l'aperçut, celle-ci remontait déjà vers l'église de son pas énergique. Deux femmes la croisèrent et la suivirent du regard, plus scandalisées qu'amusées. Lys-Aimée aurait dû la héler, mais un sentiment étrange l'en empêcha. L'incident l'amusait ; elle voulait savoir jusqu'où irait Félicité. Et, il faut bien le dire, la mésaventure lui servait agréablement de revanche.

Qui était donc cette femme ? Dans quel univers étrange évoluait-elle ? Quelle solide carapace s'était-elle forgée pour rester ainsi insensible à la moquerie, au qu'en-dira-t-on, au regard des autres ? N'importe qui d'autre aurait remarqué les regards étonnés des passants. Pas Félicité Angers.

La vieille demoiselle monta sur le perron de l'église. Heureusement, peu de gens assistaient à cette première messe dominicale. Les fidèles se rassembleraient plutôt pour la grand-messe de onze heures profitant ainsi des derniers cancans. Derrière Félicité, un monsieur écarquilla les yeux. Le jupon à volants n'était pas assez aguichant pour réveiller quelque appétit que ce soit chez le vieillard, mais assez surprenant toutefois pour faire ses belles soirées. La veillée à la forge serait des plus truculentes. Il en riait déjà.

Félicité était entrée dans l'église.

Lys-Aimée ne pouvait plus rien faire ; elle décida de revenir à la maison pour se préparer. Ne plus penser qu'à Raphaël. En perdre même l'appétit. Vivre d'amour et d'attente, comme si rien d'autre ne comptait.

Pendant plus de deux heures, elle se pomponna, essaya des robes, noua et dénoua des rubans, brossa, tressa, releva, torsada ses longs cheveux noirs. Elle hésitait entre deux bijoux, se poudrait et se dépoudrait, essayant de deviner ce qui plairait au jeune homme. Elle le connaissait si peu, même si elle n'arrivait pas à se souvenir clairement d'une journée sans lui.

Quand elle descendit enfin, l'estomac dans les talons bien qu'elle ne voulût pas se l'avouer, il était temps de partir pour la messe de onze heures. Marguerite, assise dans la berceuse, regardait dehors. Son teint diaphane lui donnait une dimension irréelle. On aurait dit une vieille âme qui se glissait lentement dans la peau d'un ange. Sa beauté fragile et sa délicatesse rendaient encore plus brusques les mouvements de sa sœur qui fricotait dans les chaudrons avec la hardiesse d'un matelot montant à la grand-vergue. L'oncle Élie s'était paré de ses plus beaux atours, et quand il glissa son bras sous celui de la jeune fille, celle-ci se réjouit de pouvoir parader en compagnie du vieux notaire. L'amour embellit tout.

Contrairement à sa sœur, Élie n'empruntait jamais le sentier de la grève. Il sillonna plutôt la rue principale, la plus passante, pour être vu au bras de sa jolie nièce, saluant bien bas ses nombreuses connaissances, avec l'assurance du notaire de village pour qui la vie de toutes ces familles n'avait plus de secret.

Quelques minutes plus tard, ils étaient assis à leur banc en avant de la nef et la messe commençait.

Lys-Aimée suivait l'office distraitement.

Juste avant le sermon, des pas résonnèrent longuement dans l'allée pour finalement s'arrêter au banc des Angers.

La jeune fille releva la tête et demeura bouche bée.

Félicité, le visage sévère, attendait. Affublée d'un chapeau grotesque où, comme à l'habitude, s'entrelaçaient des rubans désassortis, la vieille demoiselle se tenait bien droite dans l'allée, devant l'assemblée attentive à ses moindres gestes. Lys-Aimée, gênée, n'eut d'autre choix que de se glisser sur le banc pour lui faire une place. Sa tante s'assit alors lentement, solennellement, en prenant ses aises, et la jeune fille se retrouva coincée entre elle et Élie. L'officiant, comme tous les fidèles, avait patiemment attendu que s'installât sa paroissienne avant de commencer l'homélie.

— Mes bien chers frères...

Lys-Aimée n'en entendit guère plus. Elle avait chaud. Elle sentait le long de son bras chacune des respirations du notaire qui s'était assoupi. Une forte odeur de muguet, venue on ne sait d'où, lui donnait mal au cœur. Et les questions tourbillonnaient dans sa tête. À quel jeu jouait donc Félicité ? Pourquoi s'exhibait-elle ainsi ? En la regardant de biais, l'adolescente hésitait entre le rire et les larmes. Sa tante, imperturbable, fixait le curé. Quand il se tut et quitta la chaire, elle se leva avec des gestes royaux et sortit de l'église de son même pas pesant, appuyé par le froufroutement des rubans. On l'aurait applaudie ! Lys-Aimée gardait le nez dans son missel, à la fois humiliée, stupéfaite et admirative. À vrai dire, elle mourait d'envie de la suivre, mais elle n'osa pas.

L'office terminé, n'y tenant plus, elle s'informa à son oncle :

— Pourquoi tante Fé est-elle venue à la messe ? Elle y avait déjà assisté ce matin.

— Elle n'est pas venue à la messe, elle est venue entendre le sermon. Chaque dimanche elle vient entendre le sermon du curé. Elle a toujours fait ça, du plus loin que je me souvienne. Elle devait le faire aussi à Saint-Hyacinthe.

— Mais... Pourquoi juste le sermon ? Elle pourrait entendre toute la messe.

Le notaire haussa les épaules.

— Je ne sais pas. Elle a toujours fait ça. Elle arrive immédiatement avant l'homélie et repart dès que le curé quitte la chaire. Et si elle est en retard, M. le curé s'attarde quelques instants à ses burettes pour l'attendre.

— Tous ces regards ne la gênent donc pas ?

— Au contraire ! s'exclama le notaire. Elle adore ça ! Ta tante Félicité a toujours eu des aptitudes pour le théâtre.

Après quelques secondes de silence, il ajouta :

— Parfois, je me demande même si elle les voit...

La jeune fille aurait voulu questionner son oncle davantage, mais ils se trouvaient déjà devant la maison où logeait Raphaël et elle ne voulait plus se laisser distraire par quoi que ce fût.

Le soir même, le jeune homme prenait place tout près d'elle à la table des Angers. Ils formaient un couple ravissant, elle, noire de cheveux et d'yeux, lui blond aux yeux bleu pervenche. Ce spectacle de la jeunesse ravit et émut les trois vieilles personnes rassemblées autour d'eux et qui n'avaient plus connu de tels émois depuis longtemps. Même tante Marguerite avait tenu à assister à ce souper. Avec l'aide de sa nièce, elle avait revêtu une robe d'un bleu tendre, un bleu de jeune fille qui lui allait à merveille. Touchante, elle tentait courageusement de cacher sa maladie et d'entretenir la conversation. Raphaël s'adressait d'ailleurs le plus souvent à elle. Elle le rassurait. Rien de malsain ne pouvait venir de cette vieille dame aux cheveux d'un blanc laiteux. Le jeune homme, hardi et sans gêne sur la plage, perdait quelque peu ses moyens au milieu de ces étrangers qui l'observaient, le jaugeaient. Félicité, surtout, l'inquiétait. Elle avait cuisiné des mets délicieux, mais, depuis le début du repas, elle gardait le silence. Derrière son œil trouble, l'invité devinait pourtant une grande acuité à laquelle rien n'échappait.

Heureusement, l'oncle Élie était en verve. L'esprit fin et alerte, il gardait à la conversation juste l'allant qu'il lui fallait pour ne pas sombrer. Curieux de tout, il possédait un répertoire d'anecdotes assez large pour tenir en haleine les publics les plus difficiles. Raphaël comprit rapidement qu'une seule question pouvait le mettre sur les rails pour de très longues minutes. Des minutes pendant lesquelles il faisait mine d'écouter tout en se concentrant sur l'odeur sucrée de Lys-Aimée, sur ses mains délicates, sur ses yeux noirs et pétillants, surtout lorsqu'elle le regardait.

Au dessert, quelque peu ennuyé par ce repas qui s'éternisait, il allongea la jambe pour toucher son pied. Elle ne broncha pas mais elle rougit et, quelques secondes plus tard, elle sursauta lorsque l'horloge sonna sept heures. L'impression d'avoir été surprise en flagrant délit.

— Nous allons passer au salon pendant que les femmes desservent.

Élie entraîna Raphaël.

Lys-Aimée, reléguée à la cuisine, s'acquitta de sa tâche avec tellement de gaucherie que sa tante l'envoya rapidement au salon. Là encore, l'oncle Élie fit les frais de la conversation pendant que les jeunes gens, assis l'un en face de l'autre, n'entendaient que le bruit des vagues.

Deux heures plus tard — le temps, parfois, prend le mors aux dents —, ils se quittaient sous l'œil complice du notaire qui, soucieux de la bienséance, ne les avait pas laissés seuls une seconde.

Le soleil se couchait à peine.

Il disparaissait derrière la maison, flamboyant, annonciateur de beau temps.

Ils ne se donnèrent pas rendez-vous, assurés qu'ils étaient de se revoir.

— Merci pour tout, dit Raphaël.

— Revenez nous voir, jeune homme, dit le notaire, onctueux. Vous serez toujours le bienvenu.

— Merci, monsieur Angers. Au revoir.

Il s'éloigna sans se retourner et Lys-Aimée rentra. C'est seulement lorsqu'elle voulut monter les marches menant à l'étage qu'elle remarqua le tremblement de ses jambes. Elle aurait cru que l'amour donnait des ailes, non qu'il rendait vulnérable.

Plutôt que de monter, elle frappa doucement à la porte de Marguerite. Celle-ci ne dormait pas. Ses douleurs la tenaient éveillée de plus en plus souvent. Pour lui changer les idées, Lys-Aimée lui fit un peu de lecture. Le livre des Évangiles, devenu son livre de chevet, renfermait des chapitres qui apaisaient la vieille dame, la réconfortaient, l'aidaient à supporter la souffrance. Le passage qu'elle réclama parlait d'amour.

— Pourquoi ne vous êtes-vous pas mariée ? demanda Lys-Aimée, à brûle-pourpoint, interrompant ainsi une lecture qui commençait à l'ennuyer.

La vieille dame sourit sans répondre.

— Vous êtes si belle, insista l'adolescente. On a dû beaucoup vous courtiser.

— En effet, répondit la malade avec un brin de coquetterie. J'ai eu beaucoup de prétendants. Tellement que je n'ai pas pu choisir.

— Moi je n'aurai pas à choisir, affirma l'adolescente. J'ai déjà trouvé.

— Tu l'aimes beaucoup, n'est-ce pas ?

— Oh oui !

— Tu sais, il n'est pas toujours bon de trop aimer. Il faut prendre son temps. Je m'inquiète un peu pour toi. Et tante Félicité aussi.

— Je ne voudrais surtout pas la peiner, mais je crois bien que tante Fé ne connaît pas grand-chose à l'amour.

— Tu serais étonnée si tu savais...

— Si je savais quoi ?

Sans répondre, tante Marguerite réclama un verre d'eau que Lys-Aimée s'empressa de lui donner. La malade s'enfonça ensuite dans ses oreillers en souhaitant une bonne nuit à sa nièce.

Une fois dans sa chambre, l'adolescente eut beau se caler elle aussi dans ses oreillers, respirer à fond, faire le vide, elle réalisa bien vite qu'elle ne pourrait pas dormir. Trop de pensées se bousculaient dans sa tête. Elle prit alors *Angéline de Montbrun*, s'installa confortablement dans son lit et commença sa lecture.

Elle tremblait toujours.

Page couverture de *L'oublié*, édition de 1910,
ouvrage couronné par l'Académie française.

6

Angéline

« **Q**u'elle est belle! Il y a en elle je ne sais quel charme souverain qui enlève l'esprit. Quand elle est là, tout disparaît à mes yeux, et je ne sais plus au juste s'il est nuit ou s'il est jour. »

La flamme vacilla. Lys-Aimée avait perdu la notion du temps. Elle ferma les yeux. Une voix lui murmurait à l'oreille : « Que tu es belle ! Quand tu es là, je ne sais plus s'il est nuit ou jour. » Raphaël. De sa bouche sortaient des mots volés au livre. Donner tout mon sang pour rien — pour le seul plaisir de te le donner. Le trouble des personnages devenait le sien. Le leur. Ils lisaient à deux, avec les mêmes yeux.

Dès les premières pages, Lys-Aimée s'était sentie happée par cette histoire d'amour qu'elle découvrait semblable à la sienne car les sentiments amoureux ont tous la même intensité. Les détails importent peu. Elle avait lu une grande partie de la nuit sans pouvoir s'arrêter et elle terminait seulement sa lecture, hors d'haleine, comme si elle avait fourni un effort physique considérable. Les promesses du début n'avaient pas été tenues. Les forces du mal l'avaient finalement emporté sur l'amour. L'adolescente se sentait fiévreuse, bouleversée, perplexe, complètement perdue.

— Ah! Soyez-en sûre, on ne se donne pas deux fois avec ce qu'il y a de plus tendre et de plus profond dans son âme, ou plutôt quand on s'est donné ainsi, on ne se reprend plus jamais.

Elle répétait les mots à haute voix. Ceux-là lui allaient; elle s'y sentait à l'aise. Pourquoi l'amour n'avait-il pas triomphé? Pourquoi l'auteur avait-il choisi...? L'auteur...? Avec toute sa bonne volonté, elle tentait d'imaginer sa tante Félicité en train de tracer ces lettres, de pleurer — parce qu'on ne pouvait pas écrire une telle histoire sans pleurer. Une chaleur insupportable lui monta aux joues. Le charme était rompu.

Elle ouvrit sa fenêtre et découvrit un ciel étoilé. Une bise légère souleva le rideau de dentelle.

Angéline, l'héroïne du roman, lui apparut alors, élégamment vêtue de mousseline, avec des yeux aussi beaux qu'un lac entouré de montagnes, ses cheveux flottant sur ses épaules. Charme, délicatesse, intelligence. Maurice Darville l'adorait, refusait obstinément de vivre sans elle. Où tante Fé avait-elle rencontré Angéline ? Comment avait-elle pu la décrire si bellement ? L'avait-elle imaginée ? On n'invente bien que ce que l'on connaît déjà sans le savoir. Était-il possible qu'Angéline ressemblât à Félicité Angers, fût Félicité ?

Contrariée par toutes ces interrogations sans réponses, Lys-Aimée ferma brusquement le livre, comme on s'éloigne d'un lieu hanté. Allons donc ! Laure Conan ne pouvait être Félicité Angers. Il y avait entre ces deux personnes un océan de différences impossible à franchir. Seul un miracle… Félicité ne pouvait avoir soufflé à Laure ces phrases tendres, ces images touchantes, ces désespoirs, cette sensibilité à fleur de peau, à fleur de mots. Impossible. Il y avait là une imposture révoltante. Comment tante Marguerite avait-elle pu se prêter à ce jeu, lui jouer un tour aussi sordide ?

L'adolescente, courroucée, posa le livre sur ses genoux et reposa sa tête sur les oreillers sans souffler la lampe. Elle tenta de toutes ses forces de penser à Raphaël, d'oublier Angéline, Laure et son double, mais ses réflexions lui échappaient pour revenir constamment au livre. Elle voulait savoir. La triste destinée de ces personnages renfermait un secret. Il lui fallait le découvrir. Elle reprit donc le livre en retenant son souffle et recommença sa lecture. Pendant des heures, elle regarda vivre Angéline et son père, Maurice et sa sœur. Maurice aurait pu s'appeler Raphaël ; elle-même ressemblait à Angéline. Comment pouvait-elle se retrouver aussi sûrement dans ces personnages, ces êtres de papier créés de toutes pièces par une vieille demoiselle, acariâtre par moments, distraite et excentrique à d'autres ? L'incongruité de la situation la fit sourire, mais elle continua sa lecture sans reprendre son souffle malgré l'heure avancée et les défaillances de la lampe. Elle s'arracha les yeux à scruter cette histoire d'amour, à la voir basculer, se saboter de l'intérieur. La mort du père, l'accident. Le rêve vire au cauchemar, tout s'écroule. Chacun se retire dans sa solitude. Et dans cette solitude, Lys-Aimée reconnaissait la griffe de Félicité.

Ce n'est pas sur Angéline qu'elle pleura, mais sur sa tante, assez solitaire et désespérée pour inventer une fin aussi tragique, où le devoir étouffe la passion. Félicité avait finalement gagné sur Laure. Sa propre souffrance l'avait emporté.

Lys-Aimée pleura de longues minutes sans pouvoir s'arrêter. Le livre avait glissé de ses genoux, fermé comme un cercueil. La jeune amoureuse pleurait encore sur Angéline et sur Félicité quand le sommeil l'emporta.

∽

Il était plus d'une heure de l'après-midi lorsque Lys-Aimée s'extirpa péniblement de son lit. Le livre tomba par terre avec un bruit sec comme un coup de fusil. Elle sursauta. Ce livre l'effrayait parce que subversif. Il révélait une telle volonté de dire l'indicible ! Entre les lignes couraient des révoltes innommées, des odes à la liberté qui se perdaient dans la confusion des mots et qu'elle ne pouvait clairement identifier. Le non-dit transpirait si fort sur chaque page qu'elle avait peur. Derrière l'anecdote se cachait une telle amertume, une si profonde tristesse, qu'elle dut se secouer pour ne pas sombrer dans une grande mélancolie.

Félicité pouvait-elle réellement avoir écrit ce livre ? La même question sans réponse. Si elle l'avait fait, il fallait vite la secourir. Parce que ce livre ressemblait à un cri de détresse.

Tout cela la troublait. Elle préféra se réfugier sous ses couvertures. À vrai dire, elle craignait d'affronter sa tante. Félicité ou Laure, laquelle devrait-elle saluer ? Elle paressa donc jusqu'à ce que le souvenir de Raphaël s'impose à elle et la jette hors du lit.

Une petite journée grise qui fomentait des orages.

Un temps lourd, menaçant.

Tante Marguerite somnolait.

Aucune trace de l'oncle Élie, probablement à son bureau.

Après quelques recherches, la jeune fille retrouva Félicité au milieu de ses roses. Tout absorbée par son travail, celle-ci ne remarqua pas la présence de sa nièce qui put ainsi l'observer à loisir. Malgré l'humidité oppressante, Mlle Félicité portait comme toujours une robe sombre avec un col au ras du cou. Ses cheveux, bien serrés sur sa tête et attachés en chignon, dévoilaient son grand front où perlaient quelques gouttes de sueur. Elle se penchait parfois pour mieux sentir une rose et la tendresse du geste émouvait la jeune fille, lui rappelait Angéline.

Soudain, des voix montèrent de la rue.

— *Look at these roses! How beautiful they are!*

Des voix étrangères.

Dès qu'elle les entendit, Félicité, plutôt que d'aller tout naturellement vers les visiteurs au discours si élogieux, se dissimula rapidement derrière un buisson. Les étrangers s'approchèrent pour respirer les nombreux effluves du jardin. Tout le temps qu'ils s'extasièrent devant la beauté des fleurs, Félicité resta cachée. Son regard ne trahissait aucune crainte, mais un ennui profond. L'arrivée impromptue de ces gens la dérangeait. Elle n'aimait ni les étrangers ni les importuns. Surtout lorsqu'elle travaillait dans son jardin.

Après leur départ, elle se remit au travail avec encore plus d'ardeur, visiblement contrariée et désireuse de faire le tour de son royaume avant l'orage. Lys-Aimée, qui l'avait observée tout ce temps, choisit alors de se retirer. Le mystère s'élargissait. Hier, la grande scène à l'église, aujourd'hui, cette réaction étrange, ce repli sur soi. La jeune fille soupira et rentra. Après avoir pris un chapeau, elle ressortit en faisant, cette fois-ci, tout le bruit nécessaire pour signaler sa présence. Elle désirait, elle aussi, faire un tour avant l'orage. Raphaël.

Elle lança par-dessus la clôture :

— Je vais au bureau de poste !

Félicité leva à peine les yeux, mais elle hocha la tête.

Le village était désert. Un vent montait du fleuve, rafraîchissant l'atmosphère étouffante, tout en accroissant l'impression de danger. En passant devant la maison de Raphaël, Lys-Aimée ralentit le pas et tenta discrètement de voir ce qui se passait derrière les grandes fenêtres. Raphaël avait semblé heureux la veille. Elle aurait voulu le voir pour s'assurer qu'elle n'avait pas rêvé ses sourires, ses mains, ses regards de connivence, sa jambe qui frôlait la sienne. Peut-être allait-il l'inviter dimanche prochain... Comment pourrait-elle patienter jusque-là ?

Toutes ces conjectures la menèrent au bureau de poste. La postière, très accorte, l'accueillit avec son amabilité coutumière.

— Mes oiseaux vous font envie, n'est-ce pas ?

Elle avait tapissé tout un pan de mur d'images d'oiseaux de toutes sortes. Chaque fois qu'elle passait par là, Lys-Aimée s'amusait à les regarder. Certains étaient tellement étranges qu'elle n'aurait su dire ni leur nom ni leur origine.

— J'aime tellement les oiseaux, expliqua la postière, heureuse de partager sa passion. Si seulement je pouvais partir avec eux.

Un nuage passa dans ses yeux, qui ne dura pas. La tristesse n'avait aucune prise sur cette forte femme.

C'était une dame élégante qui se targuait d'avoir une certaine classe, une femme curieuse également, et en cela, son métier la servait bien. À peine quarante ans, des rondeurs confortables qu'elle exposait avec art et raffinement. Constamment occupée à séduire, elle avait délibérément choisi le célibat parce qu'il lui permettait d'user de ses charmes sans remords. Et il faut dire que, après la forge, le bureau de poste constituait le point chaud du village. Les hommes s'y rassemblaient à heures fixes et s'y attardaient, comme si la malle-poste devait leur apporter le bonheur, ou quelque télégramme inespéré leur offrir la fortune. Ils ne quittaient le petit local qu'à regret en emportant avec eux le parfum de la postière.

— J'ai un petit paquet pour Mlle Félicité. Ah ! J'oubliais ! J'ai aussi une lettre pour vous...

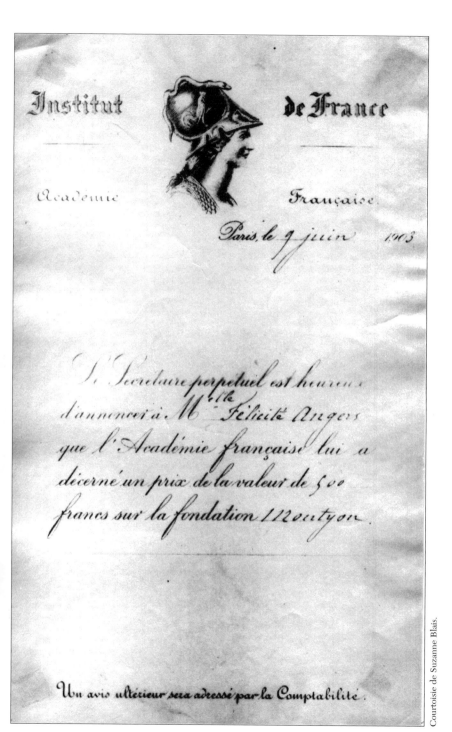

Document officiel proclamant Laure Conan lauréate du prix Montyon de l'Académie française pour son roman *L'oublié.*

7

Le colis

Réfugiée sous la tonnelle, Lys-Aimée tournait le colis dans tous les sens ; elle le sentait, le palpait avec l'impression de serrer ainsi toutes les mains qui avant elle l'avaient tenu. Elle lut et relut chacune des lettres, chacun des chiffres gribouillés sur le papier brun. Écrits dans une langue étrange, incompréhensibles, ils voulaient dire tout ce qu'elle voulait entendre. Elle tenta vainement de les prononcer. Plus un ronflement qu'un mot. Et pourtant, elle percevait la musique derrière.

La lettre de sa mère avait été abandonnée sur le banc. Habituellement, les lettres de ses parents la comblaient de joie, mais cette fois-ci, elle n'avait pris aucun plaisir à lire les nouvelles de sa famille. Quand la postière avait dit : « J'ai une lettre pour vous », elle avait tellement espéré un mot de Raphaël ! La déception avait été difficile à surmonter. Et puis il y avait ce colis qu'elle tenait précieusement dans ses mains et qui, pour le moment, retenait toute son attention.

— Savez-vous seulement d'où il vient ce paquet ? lui avait demandé la postière, penchée au-dessus de son comptoir avec des airs de conspirateur, les yeux agrandis par l'enthousiasme, presque en transe, les lèvres arrondies, tous ses charmes généreusement étalés comme un bouquet de fleurs.

Elle tendait le paquet, le retirant aussitôt lorsque Lys-Aimée faisait mine de le saisir. Elle désirait visiblement le garder le plus longtemps possible en sa possession.

— De Roumanie, mademoiselle, de Rou-ma-nie.

Elle l'avait répété plusieurs fois en détachant les syllabes et en roulant les *r*, si bien que le mot perdait tout son sens, se disloquait, devenait une accumulation de lettres que Lys-Aimée avait dû recoller pour bien en saisir l'importance. La jeune fille ignorait où se trouvait ce pays, mais elle savait bien que c'était loin, très loin, trop loin peut-être pour que les oiseaux d'ici puissent s'y rendre.

Après plusieurs minauderies, la postière avait enfin accepté, avec une larme au coin de l'œil, de lui céder le petit paquet. La chère femme n'avait pas souvent l'occasion de toucher le monde, et le fabuleux voyage effectué par le colis la bouleversait au plus haut point.

— Votre tante me procure des joies immenses, avait-elle dit. Pendant des années, je lui ai remis des lettres venant de France. Imaginez, mademoiselle ! La mère patrie ! Et maintenant, la Rou-ma-nie !

Elle avait croisé ses mains sur sa poitrine pour retenir son cœur parti à l'épouvante. Sa grandiloquence et sa propension au drame avaient impressionné Lys-Aimée qui ressentit, bien malgré elle, un serrement au cœur en pressant le colis contre sa poitrine où elle le tint à deux mains jusqu'à son retour, comme on tient un livre de prières. La jeune fille n'avait même pas remarqué la porte entrouverte, puis vivement refermée, chez Raphaël.

Et maintenant, à l'abri des regards, elle scrutait le petit colis tout à son aise, le soupesait, éprouvant, à l'instar de la postière, ce désir de possession qui semblait habiter tous ceux qui le touchaient. Il s'agissait sûrement d'un livre. Tante Fé connaissait peut-être des écrivains de Roumanie. La jeune fille se sermonna. Son imagination l'entraînait. Laure Conan aurait pu connaître des écrivains en Roumanie et dans le monde entier, mais pas Félicité Angers. Qui aurait voulu correspondre avec cette vieille fille revêche ? Félicité, Laure, Angéline. Comme la Sainte-Trinité.

Angéline.

Qui donc avait créé Angéline ?

Elle en était à ressasser cette énigme lorsque l'ondée la força à rentrer et à remettre le colis à sa destinataire. Celle-ci, aussi discrète qu'à l'accoutumée, alla déposer le petit paquet dans sa chambre sans fournir d'explication. Sa nièce ne demanda rien. Elle ne savait plus comment s'adresser à sa tante, ne la reconnaissait plus, la soupçonnait de toutes les impostures. Ses différentes identités se superposaient, donnant un personnage flou, inconsistant, fuyant.

En l'observant plus attentivement, Lys-Aimée surprenait maintenant chez sa tante des attitudes qui lui rappelaient Angéline : cette façon d'aimer les fleurs, de lancer une pincée de sel dans son ragoût avec la délicatesse du peintre retouchant un tableau. À d'autres moments, elle aurait pu être Laure : sa capacité de tout voir derrière ses yeux embrumés, sa manie d'épier la vie. Et n'avait-elle pas tout fait pour encourager ses relations avec Raphaël ? Peut-être se préparait-elle tout simplement une autre histoire à écrire. N'étaient-ils pour elle que des cobayes, des amoureux sous observation... ?

Toute la journée, ces questions tourmentèrent la jeune fille. Tiraillée entre plusieurs vérités, agacée par des évidences incontournables — Marguerite ne s'amuserait pas à lui mentir —, elle arriva au souper épuisée, irritable, prête à tout pour se débarrasser de ces incertitudes.

La pluie n'avait pas cessé. Des trombes d'eau s'acharnaient sur les fenêtres. Tante Fé regardait souvent à l'extérieur.

— Tu t'inquiètes pour ton jardin ? demanda Marguerite qui connaissait bien sa sœur.

Malgré ses allures de matamore, les orages l'avaient toujours troublée, et Félicité avait beau ne rien dire, hausser les épaules quand on voulait la réconforter, Marguerite devinait son anxiété juste au mouvement de ses mains sur son tablier. Voilà pourquoi elle avait insisté pour manger avec tout le monde. Pour aider Félicité à passer l'orage.

Lys-Aimée, que les coups de tonnerre, les doutes et l'absence de Raphaël rendaient impatiente, chipotait dans son assiette.

— Est-ce que le colis venait vraiment de Roumanie ? demanda-t-elle enfin.

— Oui, lui répondit laconiquement sa tante.

— Comment se fait-il que vous connaissiez quelqu'un en Roumanie ?

— C'est une longue histoire.

— J'ai le temps.

Félicité se leva sans répondre et alla fouiller dans les armoires. Quand elle revint à la table, elle desservit l'oncle Élie alors qu'il n'avait pas terminé, apporta à tante Marguerite un médicament qu'elle n'avait pas réclamé. Toujours le mouvement nerveux de ses mains sur son tablier.

Lys-Aimée ne se laissa pas démonter par cette attitude. Elle n'en pouvait plus de vivre à côté de cette femme sans connaître sa véritable identité. Si Félicité avait pu écrire Angéline, c'est qu'elle était autre chose que ce qu'elle laissait voir. Un écrivain a-t-il deux personnalités, celle du quotidien et celle de ses livres ?

— On aurait dit un livre, dit-elle. Est-ce que je me trompe ?

Tante Marguerite, ennuyée par cette tension qui montait, décida de répondre à la place de sa sœur.

— Ta tante correspond depuis quelques années déjà avec Élisabeth de Roumanie. C'est la femme du prince régnant, mais c'est avant tout un écrivain. Elle écrit sous le pseudonyme de Carmen Sylva.

Lys-Aimée n'en revenait pas. Une reine ! Rien de moins ! Tante Fé correspondait régulièrement avec une... reine ! Le colis qu'elle avait tenu dans ses mains avait été enveloppé par une vraie reine ! Est-ce que les reines enveloppaient elles-mêmes leurs colis ? Bouche bée, la jeune fille regardait sa tante qui mettait silencieusement la dernière main à un gâteau et ne semblait rien entendre. L'oncle Élie entreprit un long discours sur la politique et l'influence indue de la religion et de ses porte-parole.

Lys-Aimée ne savait que penser. Trop de questions à poser ! Elle préférait obtenir les réponses à petites doses pour reprendre son souffle.

Une fois le repas terminé, la jeune fille aida Marguerite à se mettre au lit. Quand elle revint à la cuisine, tout avait été rangé, astiqué. Félicité enleva son tablier et regarda sa nièce. Elle souriait.

— Venez avec moi, dit-elle, je vais vous montrer quelque chose.

Mère Catherine-Aurélie, fondatrice des Sœurs du Précieux-Sang
à Saint-Hyacinthe, amie et confidente de Laure Conan.

8

L'antre de l'écrivain

L ys-Aimée pénétrait pour la première fois dans la chambre de l'écrivain. Félicité lui ouvrit la porte toute grande et la laissa fureter à sa guise. Elle sentait la jeune fille tendue, bernée par son imagination débridée, et elle voulait ramener les choses à leurs justes proportions.

L'adolescente découvrit un lieu austère, sans fantaisie, où la dévotion l'emportait sur tout. Partout, crucifix, images saintes, livres sacrés dorés sur tranches imposaient leur loi. Sur la table de chevet, un très vieux livre à la reliure défraîchie : *Les heures sérieuses d'une jeune personne.* Juste à côté, dans un verre

ancien, une rose. Seulement une. En tournant doucement sur elle-même, la jeune fille se trouva ensuite
face au bureau installé devant la fenêtre et qui croulait
sous les ouvrages de toutes sortes : livres d'histoire, de
prières, de réflexion. Dans ce fouillis indescriptible
qui ressemblait si peu à tante Fé, une plume reposait
à côté d'un encrier, tous les deux posés sur un feuillet
où la romancière avait tracé des lignes et des noms,
comme un plan ou un arbre généalogique.

— Qu'est-ce que c'est ? demanda Lys-Aimée.

— Ce sont les personnages de mon prochain
livre.

— Alors vous écrivez vraiment ?

— Oui.

— Mais... pourquoi ?

C'est la seule question que l'incongruité de la
situation lui avait inspirée.

— Par nécessité, lui répondit Félicité. Pour
gagner ma vie.

— Et Angéline ? A-t-elle vraiment existé ?

Félicité rougit. Elle n'aimait pas parler de ses
livres passés. Elle préférait ceux à venir, qui lui
appartenaient encore, préservés qu'ils étaient du
voyeurisme des lecteurs.

— Venez voir, dit-elle sans répondre à l'interro-
gation de sa nièce.

Des noms avaient été jetés en désordre sur la
feuille, un désordre que seule l'auteur pouvait

comprendre. La jeune fille put quand même lire les noms de Lambert Closse, de Maisonneuve et de Jeanne Mance. Le dernier lui rappela quelque chose. Vaguement. Elle avait déjà entendu l'avant-dernier, sans plus.

— Qui sont-ils ?

— Maisonneuve est le fondateur de Montréal. C'était un saint homme, un cœur noble et généreux qui a surmonté toutes les embûches pour fonder une oasis de chrétienté dans un environnement barbare. Sans lui, Montréal n'existerait pas. Il a...

Lys-Aimée n'écoutait plus ; elle regardait plutôt les yeux de sa tante, clairs, doux et brillants tout à la fois, comme jamais elle ne les avait vus. Pour la première fois, la jeune fille, émue, rencontrait Laure Conan, la créatrice d'Angéline, celle qui savait jouer avec les mots et les faire gémir, comme le violoniste fait pleurer l'archet sur son violon.

Elle aurait tellement voulu lui parler d'Angéline. Qui était-elle vraiment ? Pourquoi avait-elle renoncé à son amour ? Cette femme, devant elle, connaissait toutes les réponses. En la regardant, Lys-Aimée eut l'impression d'entrer dans les coulisses de quelque spectacle, de se glisser derrière le castelet et de voir la main du manipulateur dans le corps des marionnettes. Elle voulait tout savoir d'Angéline, de Laure et de Félicité. Comment ces trois femmes se rejoignaient-elles ? Comment cohabitaient-elles ? Où se trouvait le point de jonction d'où jaillissait leur vie commune? Trois femmes en une seule. Mystère.

— C'est une histoire palpitante que la nôtre, affirmait sa tante. Quand on s'y intéresse, on découvre des êtres d'exception à qui on doit tout, notre pays, notre foi, notre langue.

— Et Angéline? demanda à nouveau Lys-Aimée. Pourquoi n'a-t-elle pas pardonné à Maurice?

La vieille demoiselle repoussa une mèche de cheveux qui lui tombait sur le front, puis elle tendit la main vers le bureau.

— Voilà le livre que m'envoie Élisabeth de Roumanie.

Lys-Aimée prit le petit livre dans ses mains. Il s'intitulait *Pensées d'une reine*.

— C'est la reine elle-même qui l'a écrit?

— Oui, c'est une réédition. J'avais perdu le premier exemplaire et elle a eu la gentillesse de m'en envoyer un autre. Élisabeth a gagné un important prix avec ce livre, il y a quelques années.

Félicité reprit le livre et le feuilleta.

— Lisez ceci, dit-elle au bout d'un moment en pointant un passage.

Lys-Aimée s'exécuta :

— «Quand un arbre de la forêt est abattu, il se fait comme une trouée de lumière à la place qu'il occupait; de même, il se creuse un sillon lumineux sur les traces d'un grand homme qui disparaît.»

— Cette petite phrase a orienté mon écriture, expliqua Félicité. C'est après l'avoir lue que j'ai opté pour le roman historique. Mgr Casgrain m'en parlait depuis un certain temps. Il m'enjoignait de faire œuvre nationale en racontant notre histoire, mais je n'étais pas prête à ce moment-là. C'est cette petite phrase qui m'a convaincue. J'ai voulu suivre ce sillon lumineux laissé par les grands hommes. Charles Garnier d'abord, le martyr, puis maintenant Maisonneuve, le grand cœur, et Lambert Closse, l'oublié. Il faut redonner à notre peuple ses héros, ses lettres de noblesse.

Émerveillée, la jeune fille écoutait sa tante discourir comme elle ne l'avait jamais fait. Celle-ci parlait d'abondance, convaincue et convaincante, sans gestes inutiles, avec une intelligence presque violente dans ses yeux gris que l'obscurité assombrissait. Deux tisons calcinés par une passion étrange.

Toutefois, elle parlait des héros, jamais des héroïnes. « Et Angéline, tante Fé, pensa la jeune fille, butée, à qui veux-tu la redonner? Pour qui l'as-tu créée? Personne ne te réclamait Angéline, personne n'avait besoin d'elle. À qui appartient-elle? L'as-tu déjà oubliée? »

Un formidable coup de tonnerre ébranla toute la maison. Les deux femmes sursautèrent. Tout à leurs pensées, elles avaient déserté le temps présent, n'habitaient plus l'espace autour d'elles. Elles flottaient quelque part entre la fiction et la réalité, dans un temps et un espace irréels.

L'orage les ramenait brusquement au monde réel.

Tante Fé se tut, fatiguée soudain d'avoir tant parlé, trop parlé, triste de tout ce qu'elle aurait voulu dire et qu'elle tairait à jamais. Elle prit le livre des mains de Lys-Aimée. Ses yeux se couvrirent d'un voile de brume qui semblait la détacher du monde. Alors, la jeune fille sut qu'il était temps de se retirer. Elle embrassa sa tante avec une affection nouvelle et regagna sa chambre.

Une heure plus tard, la porte s'ouvrait pour laisser entrer Raphaël.

Trempé jusqu'aux os, le jeune homme portait sur sa tête une couronne de fleurs absolument intactes, gorgées de soleil. Elle voulut s'approcher de lui; il ouvrit alors tout grands les bras. Un pas. Deux pas. Chacun de ses pas balisait l'éternité. À mesure qu'elle avançait vers lui, sa propre image grandissait dans ses yeux bleus. D'abord floue, elle se précisait à chaque pas, s'amplifiait, rongeait les joues du jeune homme, puis sa bouche. Arrivée tout près, elle voulut le toucher mais recula aussitôt, horrifiée par la scène : une vieille femme d'une laideur indescriptible avec des paupières gonflées, des yeux enfoncés dans leur orbite, grimaçait sur le visage du jeune homme. Et cette vieille femme lui ressemblait. Elle se découvrait monstrueuse dans les yeux de Raphaël. Elle tenta de lever la main sur cette image insupportable, mais le garçon recula, effrayé. Alors seulement l'image s'estompa et, du même coup, Raphaël disparut. Pourtant, ils restaient là tous les deux à se regarder sans rien dire pendant que leurs pas en fuite claquaient sur les trottoirs de bois.

Lys-Aimée se précipita hors du lit pour suivre Raphaël; elle se dirigea vers la fenêtre qu'elle ouvrit difficilement.

Il faisait jour, et soleil. Raphaël n'était pas là. Il n'y avait jamais été.

«Tante Fé s'en va à la messe», pensa la jeune fille, encore ébranlée par ce rêve si réel. Elle se frotta les yeux et jeta un regard ensommeillé sur l'horloge. Neuf heures. La messe était terminée depuis plus d'une heure.

Fragile à cause de ce rêve étrange qui l'habitait encore, Lys-Aimée ne voulait pas rester seule. Elle se dirigea vers la fenêtre, les yeux à demi-clos.

— Tante Fé! Attendez-moi!

Mais la vieille demoiselle était déjà trop loin. Ou peut-être la distance n'avait-elle rien à y voir. Tante Fé n'entendait que ce qu'elle voulait bien entendre.

Lys-Aimée enfila gauchement une jupe et une blouse, s'empêtrant dans les manches, mettant la jupe à l'envers, cherchant ses souliers. Quand elle put enfin courir à l'extérieur, les cheveux en bataille, la vieille demoiselle avait disparu. En cherchant bien, l'adolescente découvrit un sentier très étroit à flanc de montagne que la marcheuse avait forcément emprunté. Elle s'y engagea ne sachant trop où tout cela la mènerait.

Au bout de quelques minutes, elle dut renoncer. La végétation de plus en plus dense l'empêchait d'avancer ; une branche d'arbre lui érafla la joue et lui arracha un cri étouffé. La pluie de la veille avait fait des dégâts. Plutôt que de patauger dans la boue, mieux valait rebrousser chemin. Et d'ailleurs, rien ne lui certifiait que tante Fé avait pris ce sentier.

Elle revint à la maison, dépitée.

— Tu veux me faire un peu de lecture ?

Tante Marguerite tenta en vain de la faire sortir de son mutisme. Il fallut le retour de Félicité pour qu'elle manifestât quelque intérêt.

— Vous êtes allée vous promener ? demanda-t-elle innocemment.

— Oui, répondit simplement sa tante.

Elle enleva ses gros souliers noirs maculés de boue, enfila des pantoufles et monta à sa chambre.

Le bas de sa jupe, complètement détrempé, témoignait de son passage hors des sentiers battus.

Dans la grande cuisine, le tic-tac de l'horloge rythmait le silence. Une soupe aux légumes mijotait sur le gros poêle de fonte.

L'adolescente s'assit dans la berceuse de Marguerite. Elle aurait dû jouir de cette atmosphère feutrée, mais elle était trop triste. Elle en avait plus qu'assez de cette maison, de ces vieilles gens claquemurés dans leur routine rassurante. L'oncle Élie s'abritait derrière une faconde flamboyante mais futile. Tante Marguerite se recueillait dans sa souffrance et tante Fé se réfugiait dans le silence. Les deux sœurs livraient un combat dont la jeune fille ne saisissait pas toute l'ampleur. La première luttait à découvert, sans tricher ; la seconde se battait contre des ombres dans des allées souterraines, à même le souvenir. Et Lys-Aimée n'aurait su dire quelle bataille était la plus cruelle.

En fait, tout cela ne la concernait en rien. Ces gens-là ne la considéraient jamais comme faisant partie de leur histoire. Elle vivait en marge, à côté d'eux, jamais avec eux. Elle croyait un moment, comme la veille avec Félicité, les avoir apprivoisés ; l'instant d'après, ils redevenaient des étrangers. Peut-être tout cela tenait-il à leur époque qui s'achevait et à laquelle elle n'appartenait déjà plus. Comment auraient-ils pu comprendre les aspirations d'une jeune fille de son âge, tournée vers le XXe siècle ? À vrai dire, cette explication ne la satisfaisait pas. Ni l'âge ni le siècle n'avaient d'importance... Félicité avait bien créé Angéline, cet être jeune, pathétique, trop passionné pour être heureux. Et Félicité était une vieille dame. Alors ?...

D'où lui venait donc cette tristesse, ce malaise, cet inconfort ? Raphaël ? Comment faire la part des choses ? Où trouver les responsables ? Lys-Aimée l'ignorait, mais elle savait une chose : elle désirait vivre à plein, sans restriction, sans la mort ou le remords pendus à ses basques. Elle voulait aimer aussi, parce qu'aimer c'était gagner. Raphaël.

Sans rien dire à personne, elle sortit sur la pointe des pieds, comme on s'échappe d'une prison, et courut vers le sentier de la grève qu'elle emprunta sans regarder en arrière.

Le père Louis Feviez, premier rédemptoriste au Canada, encouragea Laure Conan à poursuivre sa carrière littéraire.

9

La grotte

Résolue à éviter le village où son oncle aurait pu la voir, elle se dirigea vers la plage où Raphaël devait l'attendre. Il y aurait le soleil dans ses cheveux blonds et le sable comme mille joyaux collés à son corps. Il y aurait le fleuve, beau comme une mer. Certaines amours appellent la grandeur, ne se vivent que dans les grands espaces. Le fleuve deviendrait mer juste pour eux.

En arrivant sur la plage, elle s'arrêta pour reprendre son souffle et démêler les visages. Sans même le voir, elle sentait dans tout son corps la présence de Raphaël. Elle l'imaginait triste, solitaire, assoiffé d'elle.

Un vent se leva qui fit tourbillonner le sable.

L'été tirait à sa fin.

Elle avait couru et la sueur qui refroidissait dans son dos la fit frissonner. Elle serra les bras autour d'elle. Une bouffée de chaleur rosit ses joues. Bien décidée à retrouver le jeune homme, elle s'avança maladroitement, trop pressée pour enlever ses souliers dans lesquels s'infiltraient des grains de sable. Tout en marchant, elle dévisageait les jeunes hommes étendus sur la plage. Ceux-ci la regardaient d'un air gouailleur avant de froncer les sourcils. Qui était donc cette fille, habillée de pied en cap, qui arpentait la plage, visiblement en quête d'une aventure? « *What's wrong with her? What's going on?* » se demandaient-ils silencieusement.

Lys-Aimée sentait leurs regards moqueurs, mais elle n'en avait cure. Elle cherchait Raphaël; elle le chercherait toujours, pendant des jours. Elle hibernerait sur cette plage s'il le fallait, mais elle ne vivrait plus sans lui, sans l'idée de Raphaël dans sa tête, sans la brillance de Raphaël autour d'elle, sans ses rayons de feu. Plus jamais.

Des rires dans son dos. Et au milieu de ces rires, des notes connues. Elle se retourna lentement. Il était là, avec d'autres jeunes, des garçons et des filles, tous beaux comme seuls des étrangers peuvent l'être.

Lys-Aimée leva la main. Un appel au secours.

Raphaël l'aperçut. Il leva la main aussi sans cesser pourtant de courir à gauche et à droite ; puis il s'éloigna en riant. Il disputait un ballon à une jeune fille, blonde comme lui, passait ses bras autour de sa taille, autour de ses épaules, et s'éloignait, s'éloignait... Il disparaissait, insouciant...

Un froid très vif transperça Lys-Aimée. L'automne l'avait donc surprise, nue, sans défense ?

Loin là-bas, Raphaël courait toujours après ce ballon énorme qui envahissait la plage, creusait le sable, fissurait, détruisait, roulait dans le fleuve, s'enroulait autour des vagues, les soulevait ; et ces vagues devenaient tempête, raz-de-marée. Il aurait fallu fuir, mais Lys-Aimée s'enlisait dans le sable. Elle avait tellement froid qu'elle croyait mourir. Quelque âme charitable ne poserait-elle pas un châle sur ses épaules avant que le froid ne la pétrifie ?

Toutes ses facultés anesthésiées, la jeune fille quitta la plage sans même s'en apercevoir. Elle ne savait pas où elle allait, ignorait même qu'elle avançait. Toute tentative de réflexion la faisait sombrer dans un grand trou noir. Condamnée à avancer.

Elle marcha longtemps le long du fleuve, très longtemps, comme si elle avait voulu semer quelqu'un ou quelque chose. Son enfance peut-être. Elle ne serait plus jamais une enfant. C'était peut-être, à ce moment précis, son unique certitude.

Des odeurs de varech lui parvenaient, des parfums de salin à nul autre pareils. Elle avançait toujours. À cause des « crans » lavés par la mer, ses jambes accusaient un début de fatigue. Insuffisant toutefois pour l'arrêter. Elle suivit ensuite des sentiers déjà tracés. Les hommes comme les bêtes aiment bien poser leurs pas dans d'autres pas. Ils empruntent volontiers, d'une génération à l'autre, les mêmes ornières, rassurés par les empreintes qu'ils y découvrent, comme des témoignages.

Lys-Aimée ne fit pas autrement.

Sans même y penser, elle suivit un sentier qui la mena à une grotte. Tant d'autres y étaient venus avant elle qu'elle croyait entendre leurs voix. Épuisée, elle s'assit à l'entrée de la caverne, sur des pierres rognées par le temps et des milliers de pas. Des goélands criaillaient tout autour en séchant leurs plumes sur les rochers. En y regardant bien, la jeune fille aperçut des ancolies accrochées aux flancs de la montagne. Un grand calme l'envahit, qui ne chassa pas la tristesse mais l'apaisa, la rendit supportable, presque douce. Il fait si bon pleurer pour celui qu'on aime et qui ne nous aime pas. L'adolescente y trouvait une certaine délectation. Elle aurait voulu sombrer dans la folie, comme Angéline qui craignait pour sa raison. « Il faudrait le sommeil de la terre pour me faire oublier. »

Vautrée dans ses larmes, épuisée de sa longue marche, elle se blottit entre deux pierres et s'endormit.

Quand elle se réveilla, des goélands tournoyaient en criant à l'entrée de la grotte. Elle n'aurait su dire combien de temps elle avait dormi, mais elle devinait à l'angle du soleil que l'après-midi s'achevait. Il lui fallait rentrer. Courbaturée, avec le roc marqué dans sa chair comme une vilaine cellulite, elle se leva péniblement. Cette douleur physique la rassurait, la sortait de sa torpeur. Quand le corps appelle, le reste importe moins. Pour un temps.

Comme elle allait sortir de son antre, pressée soudain de quitter cet endroit isolé, elle perçut un roulement de pierres dans la sente. Effrayée, elle ne trouva rien de mieux à faire que de se terrer dans la grotte sans issue, craignant déjà le pire.

— Tante Fé!

Elle n'en croyait pas ses yeux. Combattant son premier réflexe commandé par la peur, elle avait risqué un œil à l'extérieur pour apercevoir sa tante, engoncée dans sa robe brune, un chapeau enrubanné sur la tête. Les goélands s'étaient enfuis, plus étonnés qu'effrayés. Leurs cris d'indignation se perdaient dans l'air du large.

— Tante Fé! répéta la jeune fille. Que faites-vous ici? Comment m'avez-vous trouvée?

La vieille demoiselle la rejoignit à l'intérieur de la grotte. Comme d'habitude, elle ne répondit pas directement à la question.

— Je ne me souvenais pas que la grotte Harvieux était si loin, dit-elle d'une voix haletante. Quand j'étais jeune, j'y venais en courant.

Tout occupée à se souvenir, elle ne regardait pas sa nièce. Ses réflexions ne s'adressaient à personne d'autre qu'à la jeune fille qu'elle avait été, une jeune fille gaie, rieuse, sans aigreur encore.

«Quand j'étais jeune...»

Lys-Aimée imaginait mal cette jeune fille courant sur la grève avec le vent dans ses cheveux. Elle ne retrouvait pas, derrière les yeux embrumés, le regard pétillant qui avait dû être le sien. Peut-être cette jeune fille avait-elle même été amoureuse... Comme Angéline.

— Vous êtes déjà venue ici? demanda-t-elle pour rompre ce silence oppressant.

— Souvent, murmura Félicité de sa voix rude, très souvent... Il y a longtemps...

Elle leva la tête vers sa nièce et ajouta:

— Surtout quand j'avais de la peine...

Ainsi ramenée à son chagrin, Lys-Aimée ne put retenir ses larmes. Félicité ramassa un galet bien lisse et le roula dans ses mains. Les larmes ne la dérangeaient pas.

— J'aimais bien cette idée qu'un jour le père Harvieux avait célébré la messe ici, reprit-elle. On dit qu'il y a très longtemps, alors qu'il descendait le fleuve en canot, il avait dû se réfugier ici à cause d'une tempête. J'ai toujours voulu croire que la grotte pouvait protéger de tous les orages. Même ceux du cœur et de l'âme.

Lys-Aimée se rappela un passage du journal d'Angéline qui parlait de tempête, de ce qu'elle arrachait aux profondeurs de la mer. Il y avait donc des mots pour tout dire. Elle aurait voulu écrire elle aussi pour évacuer sa peine.

— Tante Fé, comment fait-on pour écrire ?

Félicité sursauta et détourna la tête. Mais au bout d'un moment, quand elle accepta de regarder sa nièce, celle-ci devina que Félicité Angers avait cédé la place à Laure Conan. La vieille demoiselle souriait. Quelque chose avait changé dans son regard, dans son visage. Alors seulement, Lys-Aimée put apercevoir dans ce grand corps robuste une jouvencelle endimanchée et moqueuse.

— Il faut rentrer, dit cependant sa tante.

Lys-Aimée s'enhardit. Si la romancière était venue jusque-là pour la chercher, si elle avait pu la trouver, c'est qu'il existait entre elles un lien. Sa tante ne devait plus la fuir. Une certaine souffrance les reliait maintenant ; leurs chagrins se confondaient.

— Pourquoi ne me répondez-vous pas ? cria-t-elle. Et sa voix résonna dans la grotte comme un appel d'outre-tombe. Pourquoi ?

— Je n'étais pas certaine que vous vouliez vraiment savoir. Les gens questionnent souvent plus pour le plaisir de la question que pour connaître la réponse.

— Je veux savoir.

— C'est très simple et très compliqué à la fois. Pour écrire, il faut beaucoup pleurer. Il faut laisser les larmes couler et raconter, raconter, raconter jusqu'à ce que les larmes se tarissent. Alors il y a le livre.

Troublée, l'adolescente garda le silence. Elle ne s'attendait pas à une telle réponse.

— Il faut vraiment y aller, ordonna tante Fé. Et cette fois-ci, elle ne supporterait pas de refus. Marguerite ne va pas bien, expliqua-t-elle. Je n'aurais pas dû la laisser.

Lys-Aimée s'accrocha à son bras.

— J'ai tellement de peine, dit-elle. Raphaël ne m'aime pas.

— Je sais, murmura Félicité sans la regarder.

— Je voudrais être laide ! Qu'il ait au moins une raison de ne pas m'aimer ! Comme Maurice avec Angéline !

— Ne dis jamais ça, lui ordonna la vieille demoiselle en la tutoyant pour la première fois et en la serrant dans ses bras. Ne dis pas de telles choses, c'est trop dangereux. Il ne faut pas insulter Dieu ; il sait ce qu'il fait. Viens...

Le trajet était long du bout de la pointe au Pic à la rivière Mailloux. Laure Conan eut amplement le temps de redevenir Félicité Angers. Les deux femmes avaient laissé Angéline dans l'obscurité de la grotte Harvieux. En suivant sa tante, Lys-Aimée eut l'impression qu'on la tirait d'un tombeau. Renaissance. Maurice avait supplié Angéline de lui pardonner. Celle-ci était restée indifférente à ses prières. Elle ne commettrait pas la même erreur quand Raphaël lui reviendrait. Ses larmes à peine séchées, elle concoctait un plan pour le reconquérir.

Mais elle comptait, encore une fois, sans la maladie de sa tante.

∞

Dès le lendemain, l'état de Marguerite s'aggrava. Et il en alla de même les jours suivants. La malade respirait de plus en plus difficilement et réclamait une présence constante. Le médecin passait trois ou quatre fois par jour, impuissant devant l'avancée rapide du mal qui perturbait le quotidien de toute la maisonnée. Les repas, entre autres, se prenaient à des heures indues quand la douleur laissait à la malade et à ses proches un peu de répit.

Lys-Aimée dut se charger de la maison car Félicité n'avait plus un instant à elle. Après la messe de sept heures, l'écrivain qui n'écrivait plus s'installait au chevet de sa sœur, lui prodiguait ses soins, assistait le médecin durant ses visites, faisait un peu de lecture à haute voix quand l'état de la malade le permettait.

Lys-Aimée n'osait pas s'éloigner. Elle secondait sa tante de son mieux, se découvrant des réserves cachées de patience et de courage. On avait enfin besoin d'elle ici. Bien sûr, elle n'oubliait pas Raphaël. Elle espérait toujours l'apercevoir dans l'embrasure de la porte, avec, derrière lui, le soleil comme un garde du corps, mais son désir s'érodait un peu plus chaque jour, se diluait, aurait-on dit, dans les potages et l'eau de vaisselle. Les traits du jeune homme s'estompaient. Il restait de lui un sourire plus qu'un visage, une simple silhouette plutôt qu'un corps d'homme. Il aurait pu être un autre, beaucoup d'autres, tous ceux-là qui viendraient après lui pour parler d'amour. Et peu à peu Lys-Aimée se convainquit que l'amour supplantait le messager.

Le cinquième jour, Marguerite respirait plus librement et toute la maison avec elle. Le pire semblait passé et tout danger écarté, cette fois encore. Le médecin se permit de semoncer tante Fé.

— Marguerite reste affaiblie, mais elle va beaucoup mieux. Maintenant qu'elle est hors de danger, il faut vous reposer. Vous avez à peine dormi depuis une semaine. J'ai assez d'une malade sur les bras, vous savez.

L'oncle Élie renchérit :

— Il faut te changer les idées. Tu devrais accepter l'invitation des Lemire. Tu n'as pas à t'inquiéter, je veillerai sur Marguerite.

Le sacrifice était de taille car Élie raffolait de ces sorties mondaines.

— Vas-y, lui répondit Félicité, tu sais bien que je n'apprécie pas beaucoup ces soirées.

Le notaire prit le docteur à témoin :

— Ma sœur est une sauvagesse ! Elle a peur du monde. Essayez donc de la convaincre.

— Votre frère a raison. Une sortie vous ferait le plus grand bien.

Ces discussions stériles ennuyaient Félicité. Comment leur faire comprendre que ces réunions la fatiguaient ? Elle s'y sentait exclue, incapable d'entrer dans la danse, en dehors du cercle, toujours. Les mondanités ne l'intéressaient plus.

— Je vais rester ici, déclara-t-elle de sa voix autoritaire, vas-y, toi.

En la regardant monter l'escalier, le dos droit, sans même s'appuyer à la rampe, Élie tapa du pied et marmonna :

— Quelle entêtée tout de même ! Va-t-elle payer jusqu'à la fin de sa vie ?

Le docteur, pris à témoin bien malgré lui, branla la tête, impuissant. Ce genre de maladie ne le concernait pas.

De la cuisine, Lys-Aimée avait tout entendu, mais elle n'avait retenu qu'une phrase : « Va-t-elle payer jusqu'à la fin de sa vie ? »

La machine à écrire que l'on croit avoir appartenu à Laure Conan.

10

Comment se créent les liens

Félicité tenait sa plume dans sa main, la passait parfois sur sa joue, puis revenait au papier.

Elle n'écrivait pas.

Elle n'avait rien écrit depuis des jours.

« Pour écrire, il faut beaucoup pleurer. » Plus le temps de pleurer, donc plus le temps d'écrire, du moins pas sur le papier, en traçant des lettres, en formant des phrases.

Les grandes branches du saule cognaient à sa fenêtre.

Félicité n'écrivait pas, ce qui n'empêchait pas Laure Conan de penser très fort à ses personnages.

Prise par la maladie de Marguerite, c'était tout ce qu'elle pouvait faire pour le moment : leur ouvrir les portes, les observer, faire connaissance. Maisonneuve clamait bien haut sa foi et sa volonté de fonder une ville en l'honneur de la Vierge. Il n'avait peur de rien, n'écoutait personne. Tous ces pessimistes qui lui prédisaient misère et mort, il ne les entendait plus, tout entier tourné vers sa sainte mission. Comme elle l'admirait ! Lambert Closse, lui, arborait son courage comme un étendard. Celui-là, la romancière l'aimait. À côté de lui chantait la petite Élisabeth, sa toute jeune femme. Laure ne la voyait pas très bien encore. Elle lui échappait, éclipsée par l'éclat des hommes. Il lui fallait la chercher derrière eux, lui tendre la main, la ramener à la lumière. Pour cela, nul besoin d'écrire. Tout se passait d'abord dans le corps. Trouver le pouls, gonfler la poitrine au rythme du personnage qui, peu à peu, se met à rire, à vivre, à pleurer. Sentir ses larmes sur sa joue, les goûter. « Pour écrire, il faut beaucoup pleurer. »

Dans le corridor, Lys-Aimée leva le poing. Elle voulait frapper, assener un grand coup, faire voler cette porte en éclats, la réduire en miettes, et tous ces secrets avec ! Qu'est-ce que Félicité payerait jusqu'à la fin de sa vie ? Où allait-elle tous les jours, solitaire ? Qui lui avait appris Angéline et les tourments de l'amour ? Toutes ces vieilles personnes, le docteur y compris, s'amusaient à ses dépens au jeu des

énigmes. Elles avaient trouvé une âme impression-
nable, le réceptacle idéal pour déposer leurs petites
intrigues et les voir germer. Et elles en profitaient.

Sa main effleura la porte, mais elle retint son
geste. Laure Conan écrivait sûrement. La déranger
tenait du sacrilège. L'adolescente, impressionnée par
la force créatrice de la romancière, n'osa pas violer
son sanctuaire. Elle gagna sa chambre à contrecœur,
mais laissa sa porte grande ouverte pour mieux épier
sa tante.

Au bout d'une heure, c'est plutôt l'oncle Élie
qui pointa son nez dans l'embrasure.

— Prépare-toi, je t'emmène chez les Lemire,
dit-il tout guilleret. L'atmosphère de cette maison est
malsaine pour une jeune fille de ton âge. Tu as
besoin de voir du monde.

Lys-Aimée n'osa pas contredire son oncle. Elle
se prépara donc à sortir, d'abord en maugréant, puis,
l'excitation aidant, elle se laissa vite prendre au jeu,
hésitant entre deux robes, fière de sa beauté et de sa
jeunesse.

Quand elle sortit au bras du notaire, Félicité
n'avait toujours pas quitté sa chambre.

ಐ

À leur retour, peu avant minuit, la grande
maison silencieuse se fondait dans l'obscurité, trahie

uniquement par une lumière diffuse venant de la chambre de Félicité. Ils entrèrent sur la pointe des pieds. Pour la première fois depuis bien longtemps, Marguerite dormait paisiblement.

Rassurés, ils s'embrassèrent et se souhaitèrent une bonne nuit. L'oncle Élie empestait le vin. Il avait d'ailleurs le vin joyeux et bavard, et Lys-Aimée respira d'aise lorsqu'il alla enfin se coucher. Le rai de lumière sous la porte de Félicité l'attira. Cette fois-ci, elle ne put résister à la curiosité et frappa, discrètement d'abord, puis plus énergiquement quand elle constata qu'on tardait à lui répondre. Elle entendit la chaise repoussée, le froissement de la robe, puis les pas de sa tante, et la porte s'ouvrit sur la vieille demoiselle, plus vieille qu'à l'accoutumée, l'air las et hagard. Ses yeux rougis baignaient dans un brouillard plus dense. Elle regardait sa nièce sans vraiment la voir et celle-ci dut l'appeler par son nom pour la sortir de sa léthargie.

— Tante Fé, vous ne dormiez pas ? Vous allez bien ?

— Très bien. Comment a été votre soirée ?

La voix montait difficilement de la gorge, comme si on l'avait retenue de force à l'intérieur du corps.

— Longue, répondit Lys-Aimée. Mme Lemire a tendance à se répéter.

Un étrange rictus, mi-sourire, mi-grimace, enlaidit le visage de Félicité. La remarque de sa nièce éveillait chez elle des souvenirs cocasses de soirées interminables. La jeune fille semblait avoir perçu les mêmes choses. Il y aurait donc deux sauvagesses dans cette maison ?

— Je peux entrer ? osa Lys-Aimée, profitant cruellement de l'apathie de sa tante. J'ai quelque chose à vous demander.

Félicité ouvrit la porte à contrecœur et Lys-Aimée se glissa dans la pièce avec une curiosité qui l'emportait sur le respect. Sur le bureau jonché de volumes, elle aperçut la plume sagement posée sur le cahier. Incapable de faire le tri parmi toutes ses interrogations, elle se taisait.

Au bout d'un moment, tante Fé s'impatienta.

— Alors ?

Acculée au pied du mur, Lys-Aimée laissa jaillir une question qui englobait toutes les autres.

— Comment se fait-il que vous écriviez ?

Cette question, la jeune fille la savait multiple. « Comment se fait-il que vous écriviez, vous, Félicité Angers, alors que vous êtes une femme et que les femmes, cela va de soi, n'écrivent pas ? Comment se fait-il qu'on vous laisse écrire ? Comment se fait-il que vous écriviez alors que votre vie se déroule ici, dans un endroit isolé, si loin des rumeurs du monde ? Vous ne voyez personne, d'où vous viennent donc vos histoires ? Vous êtes silencieuse, où trouvez-vous les mots ? Comment se fait-il que vous écriviez des histoires comme celle d'Angéline dans un pays qui cherche plutôt des héros ? Pour être écrivain, il faut être un homme, beau, superbe ; il faut avoir vu le monde, savoir s'imposer. Vous êtes une femme, muette, laide, enfermée dans un jardin minuscule qui tourne le dos au fleuve. Comment expliquer tout cela ? »

La vieille demoiselle, sensible et perspicace, devina la confusion de l'adolescente, entendit toutes les questions, saisit l'étonnement, mais elle ne désirait pas y répondre. D'ailleurs l'eût-elle voulu qu'elle n'y serait pas arrivée. Elle cernait mal ses propres raisons. Cette urgence d'écrire, cette force et cette liberté qu'elle trouvait dans l'écriture, et nulle part ailleurs, comment les expliquer ?

— J'écris par nécessité, répondit-elle simplement. Pour gagner ma vie. Il n'y a pas d'autre raison. Je vous l'ai déjà dit.

Cette fois-ci, Lys-Aimée ne se contenta pas de si peu, de cette réponse passe-partout que Félicité servait à tous les importuns. Cette explication, à force de la répéter, la vieille demoiselle avait presque fini par y croire. Pas Lys-Aimée. Elle voulut la pousser dans ses retranchements.

— Vous auriez pu trouver un moyen plus... simple de gagner votre vie. D'ailleurs, peut-on gagner sa vie en écrivant ?

— Moi, je le fais.

Que de fierté et de rage dans cette réponse. Fierté pour l'exploit, car c'en était un. Rage parce que la lutte s'avérait inégale. Il fallait se battre constamment, contre les éditeurs, contre les imprimeurs, contre les critiques faciles. Il fallait vendre ses histoires, se vendre, faire respecter les contrats, se rappeler au bon souvenir de ceux qui détenaient le pouvoir de vous faire connaître, quêter leur appui. Il fallait écrire toujours, de tout, parfois des inepties, se répéter souvent et convaincre.

— Ça ne doit pas être facile.

— Non.

— Vous n'êtes pas... gênée de savoir que l'on vous lit. C'est tellement... intime.

Félicité se rappela le jour où elle avait décidé de faire parvenir l'histoire d'Angéline à une revue. Elle avait trituré son texte longtemps, l'avait placé en tremblant dans une enveloppe, puis retiré, puis remis. Tellement que les feuillets en étaient tout froissés. Cette journée-là, et les suivantes, elle avait eu mal au cœur, des nausées continuelles qui ne lui laissaient aucun répit. Sans s'en apercevoir, elle avait commencé à raser les murs, à s'éloigner du monde, à ne plus rendre les sourires. Même abritée sous un pseudonyme, elle craignait qu'on ne la découvrît, ce qui d'ailleurs n'avait pas tardé. Quand le texte avait paru dans le journal, elle avait rougi en le lisant. Ses jambes ne la supportaient plus ; son cœur s'affolait dans sa poitrine. Et pourtant, elle savait très bien qu'elle n'aurait pu faire autrement. Cette pulsion irrépressible qui la poussait à écrire, à s'offrir en pâture comme si sa survie dépendait du regard des autres sur son œuvre, elle n'aurait jamais pu y résister sans se détruire complètement. Elle devait écrire et faire lire ses histoires, sinon elle mourrait.

La romancière songea à Mgr Casgrain qui avait tant insisté pour parler d'elle dans la préface de son dernier livre. Plutôt mourir ! lui avait-elle répondu. Il lui fallait déjà tant de courage pour présenter ses œuvres ! Jamais elle n'accepterait de dévoiler au public ses tristesses et ses pauvres petits secrets. Elle était trop peu de chose. Ses livres devaient se défendre seuls. Félicité Angers envoyait Laure Conan à l'abordage et se terrait ensuite à fond de cale.

— Oui, je suis gênée, dit-elle enfin. Très. La première fois, j'ai cru que je n'y arriverais pas.

— Et vous l'avez fait quand même ! Moi, je n'aurais pas osé.

Félicité secoua la tête en signe de dénégation. Elle savait bien que cette jeune fille aurait osé. C'était d'ailleurs pour cela qu'elle supportait ses questions ; parce qu'elle lui ressemblait.

— Un auteur que j'aime bien disait qu'un bon livre devrait toujours former un véritable lien entre celui qui l'écrit et celui qui le lit. J'ose écrire parce que j'ai besoin de ce lien.

Cette révélation surprit Lys-Aimée. Elle croyait sa tante indépendante, libre de toute attache, réfractaire même à toute alliance. Et pourtant, elle le réalisait seulement maintenant, sa présence dans cette chambre, elle la devait à Angéline. Le lien. C'était la romancière qui l'avait amenée ici sans qu'elle s'en aperçoive. Le complot.

— Vous croyez que je pourrais écrire aussi ?

— Comment le savoir ? L'écriture vient du dedans. Vous seule pouvez l'entendre. Pour cela, il faut fuir les bruits extérieurs.

— Je ne crois pas que je pourrais...

— Vous avez tout le temps.

En disant cela, tante Fé se dirigea vers la porte pour signifier à sa nièce la fin de l'entretien. Elle était visiblement épuisée. L'adolescente aurait voulu serrer dans ses bras cette vieille demoiselle à laquelle elle découvrait un charme doux et vieillot. Félicité était belle, à sa manière, mais elle cultivait son mystère et ne l'offrait qu'à petites doses.

— À demain. Dormez bien.

Félicité avait déjà refermé la porte.

À petites doses...

Et Lys-Aimée était loin de tout savoir.

Tombe de Laure Conan, décédée en 1924 et inhumée au cimetière de La Malbaie, sur un lot contigu à celui où repose Pierre-Alexis Tremblay.

11

Le secret

—Vous avez pu vous lever, tante Marguerite ! C'est merveilleux ! Je suis tellement contente.

La malade tendit les bras et Lys-Aimée vint s'y blottir. Une odeur âcre entourait Marguerite, une odeur de vieux, pensa l'adolescente. Sa tante avait, en effet, beaucoup vieilli. Son teint hâve donnait à ses yeux bleus une grande profondeur où se perdait le regard. Le tremblement de ses mains trahissait une extrême faiblesse.

— Tu veux m'aider à me recoucher ? demanda-t-elle au bout d'un moment. Je crois que je n'attendrai pas Félicité. Elle doit avoir fait des visites.

La vieille dame s'appuya lourdement sur sa
nièce qui l'installa le plus confortablement possible
dans son lit. Quelques instants plus tard, le docteur
arrivait en compagnie de Félicité.

— Vous êtes ma première patiente, ce matin,
clama-t-il, joyeux. Je commence avec la plus belle,
bien sûr.

Marguerite rosit. Son trouble, charmant, la
rajeunissait. Lys-Aimée et Félicité les laissèrent
seuls.

— Vous croyez que tante Marguerite va guérir?
demanda la jeune fille.

— Il faut s'en remettre à Dieu. Il sait ce qui est
bon pour chacun de nous.

— Vous en êtes sûre?

Félicité regarda sa nièce droit dans les yeux, ce
qui lui arrivait rarement. Un regard désapprobateur
et profondément peiné. Elle s'en était remise à Dieu
depuis tellement longtemps qu'elle ne concevait pas
qu'on pût agir autrement. Élevée dans un milieu
austère et puritain, elle avait cru et fait siens les pré-
ceptes qu'on lui avait inculqués. Plus tard, elle avait
trouvé dans sa foi une raison de survivre. Aujour-
d'hui, elle n'imaginait plus la vie autrement que sous
l'aile bienveillante de Dieu. Âme sensible, fragile et
malléable, elle moulait sa vie aux lois divines, échappant ainsi aux lois humaines, qu'elle comprenait mal.

Mais tout cela, Lys-Aimée l'ignorait.

— Il ne faut pas douter de Dieu. Il est la seule certitude.

L'adolescente voulut répliquer, mais le docteur sortait de la chambre de Marguerite. L'air soucieux, il fouilla un moment dans sa trousse, plus pour se donner une contenance que par réelle nécessité.

— Il ne faudrait pas la laisser seule, dit-il enfin avec un regard significatif.

Lys-Aimée, effrayée, regarda sa tante. Celle-ci essuyait ses mains à son tablier. La jeune fille se retint de crier. Elle avait du mal à contenir sa révolte. Il aurait fallu aller chercher des remèdes, à Québec, à Montréal, à New York si nécessaire. Il devait exister un médicament miracle quelque part. Elle en avait assez de voir sa tante souffrir, attendre, souffrir toujours. Elle aurait voulu l'amener sur la plage écouter les goélands et voir les cornouillers valser dans le vent sur les collines. Regarder les garçons courir et se jeter dans le fleuve en riant. Raphaël.

La vie grouillait tout autour, et la vie engendrait nécessairement la vie. Les médecins devaient savoir cela. Peut-être ce docteur était-il trop vieux. Des principes aussi simples lui échappaient. On l'avait envoyée ici se refaire une santé, c'était donc qu'on n'y mourait pas.

— Elle ne va pas mourir, n'est-ce pas ?

Le cri lui avait échappé. Elle voulut le rattraper pour ne pas appeler le malheur sur la maison. Trop tard. Le médecin regarda tante Fé, puis la jeune fille.

— Je crois qu'il serait préférable que tu partes. Ta santé est bonne. Tu as pris des couleurs. Il serait temps de retrouver ta famille. Je suis sûr qu'ils s'ennuient beaucoup de toi.

— Non !

Lys-Aimée s'enfuit de la maison en pleurant et se réfugia dans un coin du jardin. Comment ce médecin pouvait-il dire une chose pareille ! Elle ne fuirait pas ! Elle n'abandonnerait pas tante Marguerite. Il fallait la croire bien lâche pour lui faire une telle proposition.

Au bout d'un moment, Félicité la rejoignit et s'assit tout près d'elle. Elles restèrent là, de longues minutes, sans parler, et cette présence silencieuse réconforta Lys-Aimée plus que les plus belles phrases. Elles n'avaient jamais été si proches l'une de l'autre.

Quand Félicité se leva, Lys-Aimée la suivit jusqu'à la chambre de Marguerite. Celle-ci s'était enfin endormie. Félicité revint alors à la cuisine et s'enveloppa d'un châle. Elle sortait. Lys-Aimée ne put s'empêcher de lui rappeler la recommandation du médecin.

— Il ne faut pas la laisser seule.

— Vous êtes là, lui répondit Félicité en ouvrant la porte.

∞

Un pied à l'extérieur, l'autre à l'intérieur, Lys-Aimée allongeait le cou pour suivre sa tante des yeux le plus longtemps possible. Où pouvait-elle bien aller ? Pour ne pas la perdre de vue, elle sortit sur la galerie en laissant la porte grande ouverte, les yeux fixés sur la route et les oreilles attentives au moindre bruit provenant de la chambre de Marguerite. Écartelée.

Félicité tourna le coin de la rue. Où pouvait-elle donc aller ? Quelle nécessité, quelle voix l'appelait, la forçait à déserter en un moment aussi tragique ? La jeune fille descendit quelques marches. Tout la tirait vers la rue, vers tante Fé, mais un fil la retenait. « Il ne faut pas la laisser seule. » Pas un seul instant.

Dépitée, elle rentra dans la maison. Marguerite dormait d'un sommeil si profond qu'il semblait factice. La jeune fille s'inquiéta. Félicité n'aurait pas dû la laisser toute seule avec la malade. En tremblant, elle s'avança vers le lit sur la pointe des pieds, prête à fuir s'il le fallait. Elle n'avait jamais eu aussi peur.

— Tante Marguerite, murmura-t-elle en tendant la main vers la poitrine de la vieille femme.

Un râle s'en échappa. L'adolescente sursauta et bondit vers l'arrière. La respiration de sa tante se fit plus régulière. Un souffle faible mais constant.

Lys-Aimée entreprit de quitter la chambre à reculons en retenant son souffle. Elle touchait au but lorsqu'elle se heurta à un corps, bien vivant celui-là.

Des bras se refermèrent sur elle. Elle cria en se retournant et tomba face à face avec l'oncle Élie, lui-même effrayé par la peur qu'il avait suscitée. Le sang montait dangereusement à son visage joufflu de bon vivant et, devant son effarement, Lys-Aimée ne put retenir un fou rire nerveux.

Son oncle l'imita, et c'est en riant aux éclats qu'ils revinrent à la cuisine.

— Vous êtes à la maison pour un moment ? demanda Lys-Aimée, soudain redevenue sérieuse et tendue.

— Oui. Une heure ou deux.

— Vous pouvez rester avec tante Marguerite ? Le médecin a dit de ne pas la laisser seule.

— Je sais, l'interrompit le notaire, j'ai rencontré Félicité.

— Où allait-elle ?

— Je ne sais pas, répondit son oncle, en haussant les épaules.

Les élucubrations de sa sœur, ses allées et venues nébuleuses ne l'intéressaient plus depuis belle lurette.

Lys-Aimée insista :

— Quelle direction a-t-elle prise ? Vous êtes sûr qu'elle ne vous a rien dit ?

— Dis donc, toi, on dirait bien que tu joues à l'espionne. Tu sais que ta tante ne déteste rien tant que d'être épiée. Elle a toujours fait sa petite affaire sans rien demander à personne. Entre la prière et son jardin, qui est presque une prière d'ailleurs quand on voit le soin qu'elle lui accorde, et du temps pour ses livres...

Lys-Aimée crut déceler une teinte de mépris dans la voix de son oncle. Les activités littéraires de sa sœur ne semblaient pas lui plaire.

— En tout cas, reprit son oncle, plus pour lui-même cette fois, cette vie la satisfait. En fait, elle aurait dû se faire religieuse après cette histoire... En tout cas...

Élie s'interrompit, à la grande déception de sa nièce, et chassa de la main de lointains souvenirs qu'il n'avait ni le goût ni le temps de ressasser. Le gong de l'horloge rappela à Lys-Aimée qu'elle n'avait pas beaucoup de temps devant elle.

— Vous n'avez vraiment pas une petite idée de la direction qu'elle a prise ?

Élie haussa encore une fois les épaules.

— Peut-être l'église... ou le cimetière...

Les gens profitaient des dernières tendresses de l'été. La belle saison s'obstinait, mais une très légère brise rappelait la venue prochaine de l'automne.

Devant le bureau de poste, quelques jeunes gens discutaient joyeusement. Lys-Aimée ralentit le pas.

Elle avait tout de suite reconnu la bande de Raphaël. Il était là aussi. Si beau, éclipsant tous les autres. Sa gorge se noua. Cette fois serait la bonne. Il allait venir vers elle, lui prendre les mains et, devant tous ses amis, lui déclarer son amour. Maintenant ou jamais.

Elle avança lentement.

Ils l'avaient vue. Elle ne pouvait plus reculer. D'ailleurs, elle ne le désirait pas, quel que fût le courage qu'il lui fallait pour continuer. Elle voulait l'entendre dire : «Je t'aime», ne souhaitait plus que cela.

Une automate.

Seule sa voix à lui pourrait la ramener à la réalité. Les jeunes gens riaient. De quoi ? De qui ? D'elle peut-être. Peu importe. Ils ne riraient plus quand Raphaël lui aurait crié son amour à la face du monde.

Les yeux maintenant rivés aux siens.

Elle n'avait plus qu'à tendre la main pour le toucher. Il souriait, mais pas à elle. Il regardait à travers elle, au-delà d'elle. Son regard la traversait, bleu, si bleu.

Elle était passée.

Le cercle se referma, bruyant. Des voix railleuses la pourchassaient, comme une volée d'étourneaux s'acharne sur l'ennemi. Raphaël n'avait rien dit. Ni son corps, ni ses lèvres, ni ses mains, ni ses yeux n'avaient parlé.

Lys-Aimée avançait en repoussant de son corps éreinté toute la terre devant elle. Elle voulait tendre les bras pour écarter ce mur qui lui cachait le fleuve, mais ses membres lui collaient au corps, si lourds. Et le monde la regardait avancer, amusé de sa gaucherie, un sourire méprisant sur les lèvres, pendant qu'elle cherchait désespérément un endroit où se cacher.

— Tante Fé, murmura-t-elle.

Sans réfléchir, elle contourna l'église et se retrouva dans le petit cimetière, bordé d'arbres. Des allées étroites et herbeuses coulaient entre les pierres tombales. Dans l'une d'elles, une silhouette familière attira son attention.

Tante Fé, recueillie devant une stèle de granit blanc, semblait si seule, si touchante et vulnérable. Comme si, en ce lieu, elle se dépouillait de sa carapace et se risquait à vivre, la chair à vif, enfin elle-même. Même son corps révélait des courbes, des fléchissements inattendus, des naïvetés insoupçonnées. À ce moment, l'adolescente sut qu'elle pourrait partager sa peine avec sa tante et cela la réconforta, mais elle préféra quand même rester en retrait, par respect.

Quand Félicité quitta le cimetière, Lys-Aimée se dirigea vers la pierre tombale devant laquelle elle s'était agenouillée. Le nom gravé sur la stèle lui était inconnu : Pierre-Alexis Tremblay. Né en 1827. Mort en 1879. À cinquante-deux ans donc. À peu près l'âge de tante Fé aujourd'hui, pensa l'adolescente. Mais qui pouvait-il bien être ? La jeune fille eut beau faire le tour de la parenté, elle n'y découvrit aucun Tremblay. Pierre-Alexis. Le nom lui plaisait. Romantique. La ramenait à Raphaël. Comme il avait dû rire avec ses amis de cette campagnarde qui s'était jetée dans ses bras. Et comme il avait dû s'ennuyer à ce souper, coincé entre la soupirante naïve et éblouie, et ces vieilles personnes déjà prêtes à célébrer la noce. La peine de Lys-Aimée se transforma en honte, puis, à bout de larmes, elle se découvrit en colère.

Quand elle remonta vers la rivière Mailloux, ses pas claquaient sur les trottoirs de bois. Elle traversa le village, la tête haute, espérant rencontrer Raphaël et sa bande. Mais seuls quelques enfants s'amusaient avec un cerceau. Son pas militaire fit fuir un chat qui déguerpit avec tellement d'énergie qu'il fonça dans une pergola, arrachant quelques fleurs au passage. La jeune fille étouffa un éclat de rire, d'autant que la propriétaire et du chat et de la pergola se trouvait justement sur la galerie dans un état proche de l'apoplexie.

— Où étais-tu passée ? lui demanda l'oncle Élie dès qu'elle mit le pied dans la maison. Heureusement que Félicité vient de rentrer ; je commençais à penser que je ne pourrais jamais aller travailler.

— J'étais au cimetière, lui répondit la jeune fille en regardant sa tante.

Celle-ci ne marqua aucune surprise. Elle vaquait à ses occupations avec sa réserve habituelle, sans trahir le moindre embarras.

— Au cimetière, vraiment ! Drôle de sortie pour une jeune fille de ton âge. Il faudra que tu m'expliques tout ça ce soir.

∞

Ce soir-là, personne ne trouva le temps de parler, ni la nuit qui suivit, ni le jour d'après d'ailleurs.

À peine une heure après le départ de son frère, Marguerite se trouva mal. Lys-Aimée courut chercher le médecin qui resta au chevet de la malade une grande partie de la journée. Elle courut ensuite au bureau de l'oncle Élie qui revint avec elle, toutes affaires cessantes, et arriva en même temps que le curé. Tous réunis autour de la malade, ils assistèrent à l'administration du dernier sacrement. Marguerite, incapable de parler, gardait les yeux fermés, mais chacun la devinait lucide.

Contre toute attente, elle résista et, malgré une nuit extrêmement mouvementée où personne dans la maison ne réussit à fermer l'œil, elle vit le soleil se lever sur les premières brumes automnales.

Ce matin-là, Lys-Aimée s'installa à son chevet et y resta une grande partie de la journée, la rafraîchissant avec une serviette humide, ou lui prenant tout simplement la main. «Je suis là, tante Marguerite, murmurait-elle parfois. N'ayez pas peur, je suis là.» Elle le disait avec un trémolo dans la voix, le cœur lourd, prêt à éclater. La vieille main ridée serrait la sienne avec une force étonnante.

Fatiguée, Lys-Aimée laissa un instant tomber sa tête sur sa poitrine et somnola. Dans ce demi-sommeil, elle revit la tombe de Pierre-Alexis Tremblay. Et la dévotion dans le corps abandonné de tante Fé...

— Tu es songeuse...

La jeune fille sursauta. Marguerite la regardait en souriant. Son regard vif dans son visage blême, une flamme qui ne voulait pas s'éteindre.

— Vous voulez un peu d'eau?

— Non... non... À quoi songeais-tu?

— À rien...

— Je t'en prie, dis-moi...

La vieille dame se raccrochait aux pensées de la jeune fille comme à une bouée.

— Je pensais à Pierre-Alexis Tremblay. Tu le connais? Tu sais qui c'est?

La main tressaillit dans la sienne. Tante Marguerite ferma les yeux et le silence revint, plus lourd qu'avant. Lys-Aimée regretta aussitôt, sans savoir pourquoi, d'avoir prononcé ce nom. S'il portait malheur...

— C'était le fiancé de Félicité, murmura Marguerite.

Abasourdie, Lys-Aimée se pencha vers sa tante. La vieille dame connaissait donc la vérité, celle qui peut-être pourrait tout expliquer.

— Tu le connais, alors? Pourquoi ne se sont-ils pas mariés?

— Il était plus vieux qu'elle. Un bon député.

— Pourquoi ne se sont-ils pas mariés?

— Beau... Il l'a laissée... Elle l'aimait beaucoup...

Le discours de la malade devenait de plus en plus décousu.

— Pourquoi ne se sont-ils pas mariés s'ils s'aimaient? insista l'adolescente.

— Je n'ai jamais aimé comme ça. Jamais été aussi loin...

— Aussi loin?

La jeune fille n'aurait pas de réponse. Elle réalisa avec effroi que la main de la malade ne serrait plus la sienne. Quelque chose s'était brisé. Même le silence semblait hachuré, haletant. Lys-Aimée se leva brusquement. La chaise bascula derrière elle.

Troisième partie

Oublier ! Laisser le passé refermer ses abîmes sur la meilleure partie de soi-même ! N'en rien garder ! n'en rien retenir ! Ceux qu'on a aimés, les voir disparaître de sa pensée comme de sa vie ! les sentir tomber en poudre dans son cœur !

Laure Conan

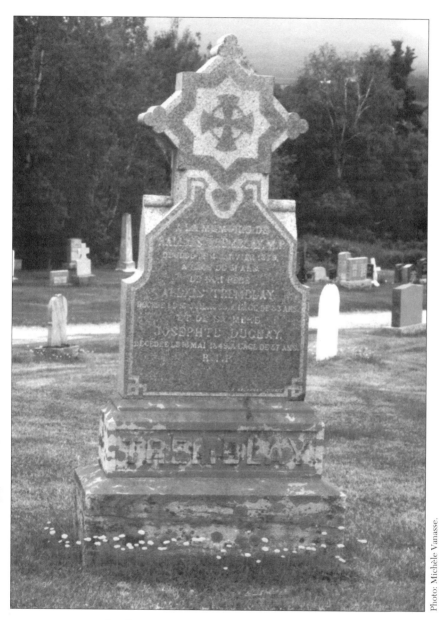

Tombe de Pierre-Alexis Tremblay, décédé en 1879
et inhumé au cimetière de La Malbaie.

12

La belle histoire

T ante Marguerite a été enterrée trois jours plus
tard.

Toute la famille est venue. Cousins et cousines
ont envahi la vieille maison comme une horde
sauvage qui déferle des collines, à bride abattue. Ils
n'ont pas la douleur discrète dans cette tribu. Tante
Fé a passé une semaine à cuisiner, à ranger, à net-
toyer. Ces tâches, à son grand soulagement, l'obli-
geaient à rester en retrait. Je suis demeurée le plus
souvent possible auprès d'elle. Par solidarité. Nous
avions traversé ensemble des épreuves que les autres
ne pouvaient pas comprendre. Ils découvraient la

mort toute faite, achevée ; nous l'avions vue naître et grandir, s'infiltrer dans le corps de Marguerite, en prendre possession. Ils ne pouvaient pas comprendre.

Tante Fé n'a pas pleuré. Certains, indignés, l'ont crue insensible ; elle n'avait tout simplement plus de larmes. Depuis des années, elle ne pleurait plus que dans ses livres. Plus de larmes pour la vraie vie, seulement ce brouillard fascinant qui flottait parfois dans ses yeux gris. Maintenant, après toutes ces années, je sais qu'une maladie de la cornée lui brouillait souvent la vue. Mais à ce moment-là, je l'ignorais et j'aimais ce regard d'embruns, porteur d'histoires.

Mes parents sont venus pour l'enterrement, bien sûr. Je crois qu'ils ne m'ont pas reconnue tout de suite. Ma mère a hésité à me tendre les bras, puis, après deux ou trois baisers et autant de caresses, elle est redevenue une mère, comme si les liens de la peau l'emportaient enfin. Et redevenir une mère, ça veut d'abord dire s'inquiéter, même à rebours.

— Comment tout cela est-il arrivé ? a-t-elle demandé d'une voix anxieuse. Si nous avions su, nous serions venus te chercher bien avant. Ma petite fille... avec une moribonde. Comment tout cela a-t-il pu arriver ?

Je leur avais sciemment caché la vérité sur l'état de santé de Marguerite pour éviter, justement, qu'ils ne viennent me chercher. Dans mes lettres, je m'étais efforcée de montrer un optimisme à toute épreuve. «Tante Marguerite va mieux; tante Marguerite se repose bien; tante Marguerite s'est levée aujourd'hui.» Aucun mensonge, seulement quelques omissions, des raccourcis parfois. Et puis un matin: «Tante Marguerite est morte.» Ils n'étaient pas préparés, c'est le moins qu'on puisse dire; alors ils ont été choqués et ont eu du mal à s'en remettre.

Ma mère a répété cent fois:

— Tu vas bien? Tu es sûre que tu vas bien?

Elle ne pouvait pas croire que je sortirais intacte d'une telle aventure.

— Je vais très bien, maman, très très bien.

Mais elle ne me croyait plus. Il y avait de quoi! Je n'avais pas vu mourir tante Marguerite. Comment se fier dorénavant à mes diagnostics?

Après l'enterrement, il y a eu ripaille chez les Angers, puis tout le monde est reparti. J'aurais aimé revoir la maison silencieuse, oscillant entre chien et loup, entendre encore l'horloge émietter le temps et les planchers craquer dans l'obscurité, humer le bon arôme du pain, les effluves de thym et de vanille, me recueillir sous la tonnelle. Mon père était pressé. Les politiciens le sont toujours, du moins veulent-ils le laisser croire. Nous sommes partis les premiers.

L'oncle Élie m'a caressé la joue. Il s'ennuyait déjà de moi, je l'ai vu à ses clignements d'yeux, à ses gestes excessifs. Il m'a fait promettre de revenir, main sur le cœur. Tante Fé m'a serrée contre elle sans rien dire. Seule la pression de ses mains sur mes épaules trahissait son désarroi. J'aurais voulu me blottir dans ses bras, rester encore près d'elle, lui parler de Laure Conan, d'Angéline, de Pierre-Alexis, l'écouter se raconter. J'avais mis du temps à trouver la clé de son univers. Je le sentais là, tout près, vivant, tellement réel, prêt à surgir. Dans les battements de son cœur, je voyais vivre des personnages plus vrais que toutes ces personnes autour. Son grand corps disgracieux en cachait mille autres, tous plus beaux les uns que les autres. L'oreille collée sur sa poitrine, j'écoutais vivre la terre, jaillir des sources, exploser des volcans. Et il me fallait partir.

— Il faut y aller, ma chérie. Remercie ton oncle et ta tante.

J'ai remercié, les larmes aux yeux.

— Cette enfant est tellement sensible, a expliqué ma mère.

Pour la première fois, j'ai réalisé que les mères ne savaient pas tout. Ma mère ne m'avait pas vu vieillir parce que, pour la première fois, j'avais vieilli en dehors d'elle.

Les années ont passé sans que je les voie. Mystère.

Laure Conan a publié un autre roman : *L'oublié*. Elle me l'a envoyé avec une dédicace : « À Lys-Aimée, avec toute mon affection. »

En plongeant dans le livre, j'ai retrouvé Maisonneuve, Lambert Closse, Élisabeth Moyen, tous ces personnages que je connaissais déjà parce que je les avais rencontrés dans la chambre de Félicité. Leur histoire m'en rappelait une autre. Vaguement. Une histoire d'amour qui finissait mal. Comme celle de Félicité et de Pierre-Alexis, les premiers maillons de cette chaîne d'amertume.

Félicité et Pierre-Alexis.

J'ai mis des années à reconstituer leur histoire. Par bribes. En soutirant ici et là quelques renseignements, souvent contradictoires d'ailleurs. Je ne vous dirai pas les bassesses auxquelles je me suis résignée pour arracher des confidences...

Félicité avait à peine dix-huit ans. Pierre-Alexis Tremblay en avait le double. Ils s'aimaient pourtant. Elle arrivait du couvent sans avoir terminé ses études, sans diplôme donc, sans avenir. Mais son jardin était déjà célèbre sur toute la côte et elle lisait Bossuet, Chateaubriand et Sainte-Beuve quand elle ne prenait pas des bains de mer. Lui, arpenteur-géomètre, avait tâté de la politique. Défait, puis élu, puis réélu. Et tout ce temps, ils s'aimaient. Tout le monde s'entend là-dessus.

Un jour, il est parti. À Rome, je crois. Mais la destination compte si peu dans l'histoire. Il n'allait, à vrai dire, nulle part. Il voulait seulement s'éloigner d'elle. Tout le monde l'a bien compris.

Mais pourquoi?

Là-dessus, personne ne s'entend. Certains évoquent un vœu de chasteté qui aurait obligé Pierre-Alexis à mettre fin à la relation. J'ai du mal à le croire. Des rumeurs parlent d'une autre femme. Pourquoi pas? Mais la raison importe-t-elle vraiment? Pierre-Alexis était parti.

J'imagine la peine de Félicité. Elle portait des robes fleuries à cette époque, pareilles à son jardin. Elle chantait à tue-tête en dévalant le sentier de la grève, son panier à pique-nique sous le bras. Elle ouvrait les mains toutes grandes pour happer la brise du large. Je la vois rire avec le soleil dans ses yeux gris. Qu'a-t-elle tenté pour le retenir? A-t-elle pleuré, hurlé? S'est-elle pendue à son bras? S'est-elle offerte? S'est-elle donnée pour garder de lui au moins le souvenir du péché? Elle aurait pu le faire. Quitte à payer le reste de sa vie...

Mais là-dessus personne ne veut rien dire. Quand on aborde la question, les gens se taisent, grimacent, grommellent, haussent les épaules. Peut-on retenir un homme qui a décidé de partir?

D'ailleurs, certains... non, certaines m'ont affirmé, avec des airs de justicier, qu'il n'était pas parti pour rien. Et que Félicité aurait eu la douleur légère. Des rumeurs ont couru dans tout le village et sur la côte : Félicité ne savait pas attendre...

Son impétuosité et sa rage de vivre l'auraient poussée à des comportements impardonnables. Pierre-Alexis était parti, mais d'autres hommes restaient qui ne demandaient qu'à la courtiser. Elle n'aurait pas, dit-on, refusé leurs avances. Félicité n'avait pas compris que le devoir d'une jeune fille est d'attendre sagement que le héros en ait assez des départs et des ailleurs. Attendre... Félicité, j'allais dire Angéline tellement ces deux personnages se confondent..., Félicité ne savait pas attendre.

Certaines l'ont dit, haut et fort. Médisances ou calomnies ? Plusieurs y ont cru ; d'autres, non. Tellement de versions pour une même histoire ! Moi, je crois qu'ils ont tort, tous. Félicité souffrait et elle faisait fièrement un dernier tour de piste avant de s'écrouler.

Quoi qu'il en soit, à son retour Pierre-Alexis a épousé une Anglaise. Après une belle carrière dans la politique, il est mort d'une infection à la jambe. Une mort bien banale pour quelqu'un qui avait été tant aimé.

Je vois pleurer Félicité. Et ses yeux s'embrument à force de larmes, et sa voix s'use, à force de râles.

Je la vois devenir laide à force de chagrin.

Après Pierre-Alexis, elle n'a plus vraiment aimé personne. Elle lui avait tout donné et il avait tout pris. Elle espérait subsister à même cet amour-là, mais

Pierre-Alexis était parti, emportant l'amour de Félicité, les rêves de Félicité, sa jeunesse, sa confiance.

Après lui, elle n'a plus su vivre.

Alors elle a survécu du mieux qu'elle a pu, sans mode d'emploi, se confiant totalement à Dieu.

Et pour se rappeler sans trop de souffrance qu'elle avait été une jeune fille amoureuse, elle a inventé Laure Conan, sa semblable, sa sœur, si proche et si lointaine. Seule Laure Conan pouvait encore raconter cette grande douleur de l'amour en allé. Félicité avait renoncé à tout.

« Pour écrire, il faut beaucoup pleurer. »

Mon père disait parfois :

— Félicité mène ses affaires avec la rage et l'audace d'une lionne.

Il se trompait. C'était Laure Conan qui houspillait les éditeurs, se fâchait dès qu'on manquait de respect à son œuvre, écrivait aux plus grands, d'égal à égal. Et que les plus grands honoraient. Avec *L'oublié*, elle a gagné un prix décerné par l'Académie française. Imaginez! De l'autre côté de l'océan, on avait lu son livre et on l'avait aimé. Laure Conan s'imposait et Félicité la regardait faire, inquiète, préférant se retirer dans son jardin, là où nul ne pouvait l'atteindre.

Ai-je dit qu'elle n'avait plus aimé personne ? J'ai eu tort. D'ailleurs on a toujours tort avec tante Fé. On mélange tout quand on essaie de comprendre. Personne, jamais, n'est arrivé à la cerner vraiment. Vous croyez la tenir et elle vous glisse entre les doigts.

À Noël, elle organise des fêtes pour les plus démunis. Cette activité lui tient tellement à cœur qu'elle commence à y penser en septembre avant même les premières neiges, allant jusqu'à négliger son écriture. N'est-ce pas de l'amour ? Extravagante et insaisissable tante Fé. Avec des générosités soudaines qui n'en sont peut-être pas, aussi violentes que ses retraites. Forteresse imprenable, jalouse de ses secrets comme on le serait d'un héritage sacré.

Joseph, qui l'a rencontrée à deux reprises, l'appelle « la folle au jupon » depuis que je lui ai raconté cette anecdote. Il ne l'aime pas. Je crois qu'elle lui fait peur, mais il ne l'avouera jamais.

∞

Joseph et moi sommes fiancés. Nous allons nous marier dans quelques semaines. Il a des cheveux blonds bouclés et de grands yeux bleus. Quand il sourit, il me rappelle Raphaël, mais je ne le lui dis pas pour ne pas le peiner. Pourrait-il comprendre qu'on n'oublie jamais son premier amour, surtout quand il a poussé sur une plage de sable comme une rose du désert? Ce souvenir-là m'appartient. Je ne veux le partager avec personne. Il n'est pas question que je donne tout, que je me livre pieds et poings liés comme tante Fé l'avait fait avec Pierre-Alexis. L'amour n'exige pas tant.

— Prends ton temps, ma chérie; je t'attends sur la galerie.

Il a murmuré ces mots à travers la porte sans entrer dans ma chambre. Discret et généreux Joseph.

Je ne le ferai pas attendre.

Il faut dire que je n'ai pas l'audace de tante Fé qui a déjà laissé un gouverneur général attendre pendant des heures à sa porte, refusant catégoriquement de le recevoir. Quand mon père en parle, le rouge lui monte encore aux joues. Le pauvre gouverneur apportait à Félicité un prix et les compliments du pays. Il est reparti bredouille avec son petit bonheur et ses grands honneurs. Ce jour-là, Laure Conan était absente. Il n'y avait que Félicité Angers, réfugiée dans son jardin.

Chère tante Fé.

Monument commémoratif érigé à l'occasion du centenaire de la naissance de Laure Conan en 1945, sur l'emplacement de sa maison natale à La Malbaie.

Chronologie
Laure Conan
(1845-1924)

Établie par Michèle Vanasse

LAURE CONAN ET SON MILIEU   **L'AMÉRIQUE ET LE MONDE**

1832

Naissance d'Élie Angers, frère aîné de Laure Conan. Il exercera sa profession de notaire à La Malbaie. Mort de Céleste, née en 1830.

LAURE CONAN ET SON MILIEU

1837

Publication d'une comédie de Pierre Petitclair, *Griphon*, une des premières œuvres du théâtre canadien-français.

À Sainte-Thérèse, Joseph Casavant construit son premier orgue.

1838

Naissance de Marie-Marguerite Angers.

1840

Les ouvrages publiés après les troubles de 1837-1838 montrent l'évolution du sentiment national. Les poètes, les romanciers et les journalistes traitent de problèmes et de sujets canadiens et cessent d'imiter les auteurs français. Les grands épisodes de l'histoire du Canada serviront de fond de scène au roman dans la deuxième moitié du XIXᵉ siècle.

L'AMÉRIQUE ET LE MONDE

1837

Rébellion des réformistes du Bas et du Haut-Canada après le refus de Londres d'accorder la responsabilité ministérielle aux assemblées législatives élues. Au Bas-Canada (Québec), les patriotes sont défaits après les batailles de Saint-Denis, de Saint-Charles et de Saint-Eustache. Douze d'entre eux sont pendus en 1838.

1840

L'Acte d'Union réunit le Bas et le Haut-Canada. Le problème politique n'est pas réglé puisque la Constitution n'accorde pas la responsabilité ministérielle.

En France, l'essayiste Alexis de Tocqueville publie *De la démocratie en Amérique*, et Victor Hugo, son recueil poétique *Les rayons et les ombres*.

LAURE CONAN ET SON MILIEU

1841
Naissance de Marie-Magdeleine-Adéline Angers.

1845
Naissance à La Malbaie (Charlevoix) de Marie-Louise-Félicité Angers (Laure Conan), fille d'Élie Angers, forgeron, et de Marie Perron. Dès la fin du XVIIIe siècle, la famille Angers possède à La Malbaie trois fermes, des bateaux de pêche, une forge et un magasin général. En outre, la fonction de maître de poste est transmise d'une génération à l'autre jusqu'en 1879. Début de la *Revue canadienne*, hebdomadaire qui publie des contes canadiens. Publication de l'*Histoire du Canada* de François-Xavier Garneau. Cette œuvre est considérée comme la plus importante de la production littéraire du XIXe siècle canadien-français. L'auteur veut démontrer que le passé des Canadiens français est aussi glorieux que celui des autres peuples. Laure Conan est une fervente admiratrice de cet auteur.

L'AMÉRIQUE ET LE MONDE

1841
Victor Hugo est élu à l'Académie française, institution fondée en 1634 dans le but de donner à la langue française des règles précises.

1845
Départ d'une expédition britannique, commandée par John Franklin, à la recherche du passage du Nord-Ouest. Tous meurent deux ans plus tard, bloqués par les glaces.
En Irlande, début de la grande famine et, dans les années subséquentes, forte immigration au Canada.
L'écrivain américain Edgar Allan Poe publie ses *Histoires extraordinaires*, où règne le fantastique.

LAURE CONAN ET SON MILIEU

1846
Pierre-Joseph-Olivier Chauveau, qui sera premier ministre de la nouvelle province de Québec en 1867, écrit *Charles Guérin*, un des premiers romans de mœurs canadiennes.

1847
Fondation du journal *L'Avenir* par Antoine-Aimé Dorion, chef du parti rouge, héritier des patriotes de 1837, et qui défend les principes démocratiques et républicains.

L'AMÉRIQUE ET LE MONDE

1846
La romancière française George Sand, pseudonyme masculin d'Aurore Dupin Dudevant, publie *La mare au diable*.

1847
Henry W. Longfellow, poète américain influencé par le romantisme européen, relate la triste histoire de la déportation acadienne de 1755 dans *Évangéline*.
En Angleterre, Emily Brontë publie *Les hauts de Hurlevent*, et sa sœur Charlotte, *Jane Eyre*.

LAURE CONAN ET SON MILIEU	**L'AMÉRIQUE ET LE MONDE**

1848

Fondation de l'Institut canadien de Québec qui regroupe, comme celui de Montréal fondé en 1844, les intellectuels de tendance libérale et qui réclame la liberté d'expression la plus complète.

James Huston recueille les meilleurs textes publiés dans les journaux et édite *Le répertoire national* ou *Recueil de littérature canadienne*, la plus vaste compilation faite avant 1850.

1848

Au Canada, le principe de la responsabilité ministérielle est reconnu, ce qui donne au pays son autonomie interne.

En Europe, révolutions à caractère démocratique et social.

En France, la République est proclamée et Louis-Napoléon, neveu de Napoléon Ier, est élu président.

L'Angleterre de la reine Victoria est à son apogée au milieu du XIXe siècle. Son industrie, son commerce et sa richesse en font la première nation du monde. Son régime politique, fondé sur les libertés publiques et le régime parlementaire, est souvent cité en exemple.

Parution de *La dame aux camélias*, d'Alexandre Dumas fils, et des *Mémoires d'outre-tombe*, de René de Chateaubriand.

1849

Naissance de Marie-Adèle, sœur cadette de Laure Conan.

Début de la publication (en revue) de *Une de perdue, deux de trouvées* de Georges Boucher de Boucherville qui recrée en partie l'atmosphère des troubles de 1837.

1849

Loi d'indemnités aux sinistrés de 1837 qui provoque une émeute à Montréal. Des représentants de la classe commerciale anglophone ravagent et incendient le parlement.

LAURE CONAN ET SON MILIEU	**L'AMÉRIQUE ET LE MONDE**
1852 Laure Conan commence ses études à La Malbaie. Fondation du journal *Le Pays* dans lequel s'expriment les rouges à tendance modérée.	**1852** En France, Louis-Napoléon rétablit l'Empire et prend le nom de Napoléon III. Pierre Larousse fonde sa maison d'édition, la Librairie Larousse.
1854 Naissance de Louis-Charles-Alphonse Angers, le plus jeune frère de Laure Conan.	**1854** Début de la parution du journal *Le Figaro* à Paris
	1856 Gustave Flaubert s'impose par un succès de scandale, *Madame Bovary*.
1857 Dans son poème, *Le drapeau de Carillon*, Octave Crémazie rappelle le souvenir de la victoire du général Montcalm en 1758 et intensifie le sentiment patriotique des Canadiens.	**1857** Parution des *Fleurs du mal* de Charles Baudelaire. Le livre est aussitôt l'objet d'une poursuite pour outrage aux bonnes mœurs et est condamné pour immoralité.
1858 Laure Conan est pensionnaire à l'École normale des Ursulines de Québec de septembre 1858 à juillet 1862. Fondation de la Société historique de Montréal.	**1858** Ouest canadien : ruée vers l'or sur le fleuve Fraser, en Colombie-Britannique. Théophile Gauthier publie *Le roman de la momie*, où il évoque la vie de l'Égypte ancienne.

LAURE CONAN ET SON MILIEU	L'AMÉRIQUE ET LE MONDE
1860 Début de la revue littéraire les *Soirées canadiennes*, fondée par Antoine Gérin-Lajoie et l'abbé Henri Raymond Casgrain.	**1860** Italie : le roi Victor-Emmanuel, son ministre Cavour et le général Garibaldi commencent l'unification du pays. Formation d'une armée pontificale à Rome, armée indépendante recrutée dans le monde catholique pour défendre les États du pape. Les premiers zouaves canadiens partiront en 1868.
1861 *Le papillon littéraire*, recueil de compositions conservé chez les Ursulines, contient plusieurs textes de Laure Conan, composés en 1861 et en 1862. Ceux-ci témoignent des bonnes connaissances générales et de la maturité d'esprit de l'étudiante. Au Québec, un mouvement de récupération des légendes canadiennes s'amorce.	**1861** États-Unis : guerre de Sécession. Le président anti-esclavagiste, Abraham Lincoln, déclare la guerre aux États confédérés du Sud qui se retirent de l'Union américaine pour éviter la ruine qu'entraînerait l'abolition de l'esclavage.

1862

Laure Conan quitte l'École normale des Ursulines, y laissant le souvenir d'une élève brillante. De retour à La Malbaie, elle occupe ses loisirs à parfaire ses connaissances par la lecture. Elle rencontre Pierre-Alexis Tremblay, de dix-huit ans son aîné, arpenteur de profession. Leur relation dure vraisemblablement jusqu'en 1867, année du voyage de Tremblay en Europe.

Louis Fréchette présente pour la première fois sa pièce *Félix Poutré*. Malgré la critique sévère, il a le mérite d'intéresser les spectateurs au théâtre canadien.

Antoine Gérin-Lajoie publie *Jean Rivard le défricheur*, roman qui encourage la colonisation.

1862

Aux États-Unis, le faible prix des terres, le grand nombre d'emplois et l'ouverture à tous sans distinction de classe attirent les immigrants venus d'Europe. Il en arrivera deux millions et demi en dix ans.

Victor Hugo publie *Les misérables*, vaste fresque historique, sociale et humaine.

1863

Parution du roman de Philippe Aubert de Gaspé, *Les anciens Canadiens*, qui a pour toile de fond la guerre de la Conquête de 1759 et qui fait l'éloge des mœurs simples et pittoresques de nos campagnes.

1863

Guerre de Sécession : bataille de Gettysburg en Pennsylvanie où le général sudiste Robert E. Lee est défait et arrêté dans sa conquête du Nord.

LAURE CONAN ET SON MILIEU

1864

Des souvenirs d'excursions, notés par Laure Conan permettent d'affirmer qu'elle aimait les randonnées à la grotte Harvieux creusée dans le roc sur le bord de la mer et à Port-au-Persil, 25 kilomètres à l'est de La Malbaie.

Mariage d'Adéline Angers et de Célestin Desmeules.

1865

Pierre-Alexis Tremblay est élu député libéral du comté de Chicoutimi-Saguenay. Il siège simultanément à Québec et à Ottawa de 1867 à 1874, représentant le comté de Charlevoix, puis, seulement au fédéral jusqu'en 1879.

L'AMÉRIQUE ET LE MONDE

1864

Les Pères de la Confédération se réunissent à Québec pour discuter d'un projet de fédération canadienne.

Guerres indiennes dans l'Ouest américain : conflits entre les Amérindiens et les colons américains pour la possession d'un vaste territoire.

Publication de *Guerre et paix* de Léon Tolstoï.

1865

Fin de la guerre de Sécession aux États-Unis et abolition de l'esclavage. Abraham Lincoln est assassiné à Washington par un fanatique sudiste, John Wilkes Booth.

Lewis Carroll publie *Alice au pays des merveilles*, et Paul Verlaine, *Poèmes saturniens*.

LAURE CONAN ET SON MILIEU

1866

Parution de *La voix d'un exilé* de Louis Fréchette, une violente charge contre les conservateurs et leur projet de confédération.

Napoléon Bourassa, gendre de Louis-Joseph Papineau, s'inspire de la déportation des Acadiens dans son roman *Jacques et Marie. Souvenirs d'un peuple dispersé.*

1867

Rupture des fiançailles de Laure Conan et de Pierre-Alexis et départ de celui-ci pour un long voyage en Europe. Les raisons de cette rupture sont obscures.

Premier concours de poésie de l'Université Laval.

1869

Début du journal *Montreal Star* et de la première revue scientifique canadienne de langue française, *Le Naturaliste canadien*, fondée par l'abbé Léon Provancher.

L'AMÉRIQUE ET LE MONDE

1866

Allemagne: le roi de Prusse, Guillaume Ier, et son chancelier, Bismarck, regroupent les États indépendants du Nord en une confédération. L'unité allemande sera achevée en 1870. Le romancier russe Fiodor M. Dostoïevski, publie son chef-d'œuvre, *Crime et châtiment*. Ce roman lui apporte la célébrité à l'étranger.

1867

Formation du Canada par l'Acte de l'Amérique du Nord britannique. John A. Macdonald, conservateur, est premier ministre. Le groupe canadien-français de ce parti est dirigée par George Étienne Cartier.

1869

Ouverture du canal de Suez, construit par le français Ferdinand de Lesseps, et reliant la mer Rouge à la Méditerranée. Parution des *Lettres de mon moulin* d'Alphonse Daudet.

LAURE CONAN ET SON MILIEU

1870
Mariage de Pierre-Alexis Tremblay avec une jeune fille de Québec, Mary Ellen Connolly.

1871
Parution de *L'intendant Bigot* de Joseph Marmette, qui recrée l'époque tragique de la guerre de la Conquête et la défaite des troupes françaises.

1873
Arthur Buies réunit en un volume une cinquantaine de textes sous le titre de *Chroniques, humeurs et caprices* qui traitent de la ville de Québec, de récits de voyage et de questions d'actualité.

L'AMÉRIQUE ET LE MONDE

1870
Guerre franco-prussienne et chute de Napoléon III en France.
Rome tombe aux mains des troupes de Garibaldi et devient la capitale du royaume d'Italie.

1871
Aux États-Unis début d'une période de croissance économique phénoménale et constitution de fortunes colossales comme celle de John D. Rockefeller qui met sur pied le premier trust du pétrole.
À Paris, le gouvernement révolutionnaire de la Commune est écrasé.
L'Empire allemand est proclamé.
Émile Zola commence la série des *Rougon-Macquart*, histoire naturelle et sociale d'une famille sous le Second Empire.

1873
Début d'une longue période de récession économique dans le monde occidental.
Parution d'*Une saison en enfer* d'Arthur Rimbaud, une prose poétique dénonçant l'impuissance de la poésie à changer la vie.

LAURE CONAN ET SON MILIEU

1875

Mort d'Élie Angers, père de Laure Conan, qui laisse la famille dans une situation pécuniaire difficile.

Honoré Beaugrand publie *Jeanne la fileuse*, plus pamphlet que roman, qui prend la défense des Canadiens français ayant émigré aux États-Unis après les troubles de 1837.

1877

Voyage de Laure Conan à Saint-Hyacinthe où elle rencontre la mère Catherine-Aurélie, religieuse fondatrice des Sœurs du Précieux-Sang. Celle-ci devient son amie, sa conseillère, et lui suggère de publier des articles pour gagner sa vie. Félicité Angers n'a pas l'audace d'utiliser son nom véritable et adopte celui de « Conan », probablement puisé dans l'histoire de la Bretagne, et de Laure, à la fois prénom du grand amour de Pétrarque et dérivé de celui d'Aurélie.

L'AMÉRIQUE ET LE MONDE

1875

Le compositeur Georges Bizet enflamme Paris avec son chef-d'œuvre, *Carmen*.

1877

Émile Zola devient célèbre avec *L'assommoir* qui fait scandale pour sa description crue du milieu ouvrier.

Léon Tolstoï termine la rédaction d'*Anna Karénine*.

L'Américain Thomas Edison invente le phonographe.

LAURE CONAN ET SON MILIEU	**L'AMÉRIQUE ET LE MONDE**
1878	**1878**
Publication du premier ouvrage de Laure Conan dans *La Revue de Montréal*, une nouvelle intitulée « Un amour vrai », qui raconte la conversion d'un jeune Écossais anglican à la mort de celle qu'il aime.	Henry James publie des études sur la femme américaine : *Daisy Miller*.
1879	**1879**
Mort de Marie Perron, mère de Laure Conan. Décès de Pierre-Alexis Tremblay à la suite d'un accident. Il est inhumé au cimetière de La Malbaie. Naissance à Montréal du poète Émile Nelligan.	Publication de *Maison de poupée* du dramaturge norvégien Henrik Ibsen. La pièce provoque de violentes réactions en raison de ses prises de position en faveur du féminisme.

LAURE CONAN ET SON MILIEU	**L'AMÉRIQUE ET LE MONDE**

1880

Âgée de trente-cinq ans, Laure Conan croit avoir rencontré un autre « Pierre-Alexis ». D'après une lettre de sa confidente, la mère Catherine-Aurélie, il s'agirait peut-être de Thomas Chapais ou d'un certain docteur Chrétien. Elle reste célibataire.

Nombreuses rencontres à Québec avec le père Louis Fiévez, premier rédemptoriste du Canada, qui eut une influence décisive sur Laure Conan. Il l'encouragea dans la carrière des lettres.

Grand succès au théâtre de *Papineau* de Louis Fréchette, lauréat de l'Académie française. La pièce est centrée sur les épisodes de 1837 dans le Bas-Canada.

1880

Formation de la Canadian Pacific Railway Company dans le but de construire un chemin de fer transcontinental qui sera inauguré en 1886. Les travaux sont dirigés par l'ingénieur William C. Van Horne.

Dostoïevski publie son dernier roman, *Les frères Karamazov*.

LAURE CONAN ET SON MILIEU

1881
Angéline de Montbrun paraît par tranches successives en 1881 et en 1882 dans la *Revue canadienne*. Laure Conan s'inspire de son aventure amoureuse avec Pierre-Alexis Tremblay. Après cette parution commence une correspondance suivie entre Laure Conan et l'abbé Casgrain, qu'elle considère comme le père de la littérature canadienne. Désireux de promouvoir la popularité de Laure Conan, il la fait connaître même à l'étranger.

1883
Laure Conan commence un nouveau roman, *À travers les ronces*, publié en partie dans les *Nouvelles Soirées canadiennes*, mais qui ne sera pas achevé.
Elle entretient une correspondance suivie avec l'écrivaine Carmen Sylva, nom de plume de la reine Élisabeth de Roumanie.

L'AMÉRIQUE ET LE MONDE

1881
Guy de Maupassant publie *La maison Tellier*.

1883
Friedrich Nietzsche publie *Ainsi parlait Zarathoustra*, son grand poème philosophique.

LAURE CONAN ET SON MILIEU	**L'AMÉRIQUE ET LE MONDE**

1884

Devant le succès du roman qui consacre la réputation de Laure Conan, *Angéline de Montbrun* est publiée en livre.
Fondation à Montréal du journal *La Presse*.

1885

Dans l'Ouest canadien, soulèvement des Métis de Louis Riel qui craignent de perdre leurs terres aux mains du Canadien Pacifique. La pendaison de Louis Riel ébranle l'unité canadienne.
Émile Zola publie *Germinal* ; Mark Twain, *Les aventures d'Huckleberry Finn*.
À Paris, on fait de grandioses funérailles à Victor Hugo.

1886

Laure Conan publie une brochure patriotique, *Si les Canadiennes le voulaient*.

1886

Publication des *Illuminations* d'Arthur Rimbaud.

LAURE CONAN ET SON MILIEU

1887

Parution du recueil de poèmes *La légende d'un peuple*, de Louis Fréchette, dans lequel il retrace en vers les grandes étapes de l'histoire de son pays. L'ouvrage est couronné par l'Académie française.

1891

Publication du premier roman historique de Laure Conan, *À l'œuvre et à l'épreuve*, biographie romancée du père Charles Garnier. Elle a puisé son sujet dans les *Relations des Jésuites*. Jusqu'en 1901, elle collabore également à différentes revues, telles que *Le Monde illustré*, *Le Coin du feu* et *Le Rosaire*.

1894

Laure Conan s'installe à Saint-Hyacinthe et consacre son énergie à *La Voix du Précieux-Sang*, revue pieuse qui appartient à la communauté des Sœurs du Précieux-Sang et dont elle est rédactrice en chef.

L'AMÉRIQUE ET LE MONDE

1887

Au Québec, élection d'Honoré Mercier à la tête d'un parti national qui se caractérise par l'affirmation du nationalisme canadien-français. Mercier favorise la colonisation en créant le ministère de l'Agriculture et de la Colonisation et s'adjoint le curé Labelle comme sous-ministre.

1891

Aux États-Unis, massacre des Amérindiens à Wounded Knee, ce qui met fin à la guerre dans l'Ouest américain.
Oscar Wilde publie son unique roman, *Le portrait de Dorian Gray*.

1894

En France commence l'affaire Dreyfus, procès d'un officier juif accusé d'espionnage et envoyé au bagne. Il sera réhabilité en 1906, mais l'affaire aura divisé la France en deux camps.

LAURE CONAN ET SON MILIEU

1896

Charles Angers, frère cadet de Laure Conan, qui pratique le droit à La Malbaie, est élu député libéral de Charlevoix à l'élection fédérale. Il sera défait en 1904.

1897

Émile Nelligan devient membre de l'École littéraire de Montréal et lit ses poèmes au cours de quelques réunions.

1898

La Voix du Précieux-Sang cesse d'être publiée et Laure Conan rentre à La Malbaie afin de prendre soin de sa sœur malade.

L'AMÉRIQUE ET LE MONDE

1896

Canada : le Parti libéral de Wilfrid Laurier prend le pouvoir ; il le gardera jusqu'en 1911. Le pays connaît une période de prospérité. La population augmente de trois millions grâce surtout à la venue d'immigrants européens qui s'installent dans l'Ouest où apparaît une société nouvelle et rurale. C'est aussi le boom des chemins de fer qui relient les deux extrémités du pays.

1897

Parution des *Nourritures terrestres* d'André Gide.

1898

Les États-Unis interviennent dans la guerre entre l'Espagne et Cuba. Cuba devient indépendante sous tutelle américaine, ce qui dessert les intérêts des financiers américains. L'indépendance de Cuba marque la fin de l'empire espagnol en Amérique.
Publication de *Cyrano de Bergerac* d'Edmond Rostand.

LAURE CONAN ET SON MILIEU	L'AMÉRIQUE ET LE MONDE
1899 Dernière apparition publique, avant son internement, d'Émile Nelligan à l'École littéraire de Montréal. Il lit sa *Romance du vin*.	**1899** Afrique du Sud : les Anglais du Cap déclarent la guerre aux Boers (Hollandais) du Transvaal. Vaincu, le Transvaal devient colonie britannique en 1902. Canada : participation réelle mais modeste à la guerre des Boers.
1900 Publication de *L'oublié*, roman historique sur la fondation de Montréal avec Lambert Closse comme héros. Laure Conan a puisé ses renseignements surtout dans l'*Histoire du Canada* de F.-X. Garneau et dans les *Relations des Jésuites*.	**1900** Au Canada, le début du XXe siècle est une période d'industrialisation et d'urbanisation. La population double en 30 ans. Parution de *Claudine à l'école* signé par Willy mais écrit en fait par sa femme Colette.
1901 Naissance du poète Alfred DesRochers.	**1901** États-Unis : Théodore Roosevelt est élu président. Angleterre : mort de la reine Victoria, avènement d'Édouard VII, son fils aîné.

LAURE CONAN ET SON MILIEU

1902

Laure Conan publie une vingtaine d'articles dans *Le Journal de Françoise* jusqu'en 1907.

1903

Parution de la biographie *Élizabeth Seton*, de Laure Conan.

Louis Dantin publie *Émile Nelligan et son œuvre*. Nelligan est considéré comme le premier grand poète lyrique canadien-français.

L'AMÉRIQUE ET LE MONDE

1902

Le critique français Georges Lavergne présente *L'oublié* au concours du prix Montyon de l'Académie française, prix de 500 francs que Laure Conan remporte.

Publication des *Bas-fonds* de Maxime Gorki.

1903

Au Québec, Olivar Asselin fonde la Ligue nationaliste qui canalise la révolte de la jeunesse contre les «vieux partis».

1905

Russie : le tsar doit se résoudre à convoquer la Douma, assemblée consultative élue, pour faire face aux grèves ouvrières et aux révoltes paysannes.

À Paris, un magazine féminin, *Vie heureuse*, crée un prix littéraire pour les femmes, le Fémina.

LAURE CONAN ET SON MILIEU   **L'AMÉRIQUE ET LE MONDE**

1910
Laure Conan collabore au Congrès antialcoolique de Québec en publiant *Aux Canadiennes*. Elle publie aussi une biographie : *Jeanne Le Ber, l'adoratrice de Jésus-Hostie*. Henri Bourassa fonde *Le Devoir*.

1912
Laure Conan publie *Louis Hébert. Premier colon du Canada*, et Albert Lozeau, un recueil de poèmes dédié à la mémoire de Louis Fréchette, *Le miroir des jours*. Naissance de Saint-Denys Garneau.

1912
Angleterre : le *Titanic*, le plus grand paquebot du monde, heurte un iceberg et coule, provoquant la mort de 1513 personnes sur un total de 2224. Panama : le canal permettant de passer de l'océan Pacifique à l'océan Atlantique est franchi pour la première fois. Première de *L'annonce faite à Marie* de Paul Claudel.

1913
Publication des *Physionomies de saints*, recueil d'articles de Laure Conan parus dans des revues.

1913
Alain-Fournier publie *Le Grand Meaulnes*, et Marcel Proust, *Du côté de chez Swann*.

LAURE CONAN ET SON MILIEU	**L'AMÉRIQUE ET LE MONDE**

1914

Publication en France du roman de Louis Hémon, *Maria Chapdelaine*, un an après la mort de son auteur.

Le roman d'Arsène Bessette, *Le débutant*, est condamné par l'archevêque de Montréal, Mgr Paul Bruchési.

Naissance de Félix Leclerc.

1914

Première Guerre mondiale: l'assassinat de l'archiduc héritier d'Autriche, François-Ferdinand, à Sarajevo par un terroriste serbe déclenche un conflit mondial à cause du jeu des alliances. D'une part, l'Autriche et l'Allemagne ; d'autre part, la Russie, la France et la Grande-Bretagne.

Canada : participation à la Première Guerre mondiale car le Parlement d'Ottawa croit qu'il doit soutenir la cause de l'Empire britannique.

1917

Laure Conan écrit une pièce de théâtre à partir d'une interprétation de *L'oublié*, intitulée *Aux jours de Maisonneuve*. Elle ne remporte pas de succès et renonce à ce genre littéraire. Elle publie *Silhouettes canadiennes*, recueil de portraits historiques parus dans des revues, et *Philippe Gaultier de Comporté, premier Seigneur de La Malbaie*.

1917

Canada : le Parlement vote la conscription, c'est-à-dire que tout homme âgé de 18 à 60 ans peut être appelé sous les drapeaux. Le Québec s'y oppose fortement et cette crise ébranle l'unité nationale.

États-Unis : entrée en guerre aux côtés des Alliés, ce qui favorise un essor économique considérable par l'accroissement de la production industrielle.

Russie : révolution russe, le tsar abdique. Les bolcheviques de Lénine prennent le pouvoir et signent une paix séparée avec l'Allemagne.

LAURE CONAN ET SON MILIEU

1918

Rédacteur sportif et critique d'art à *La Presse*, Albert Laberge publie *La Scouine* qui décrit les mœurs et coutumes des paysans en 1853 et démystifie la cause « agriculturiste ».

L'AMÉRIQUE ET LE MONDE

1918

Fin de la Première Guerre mondiale.

L'armistice est signé le 11 novembre. Le bilan est tragique : au moins 13 millions de morts, des dégâts considérables surtout dans les Balkans, en Pologne et en France. À cela s'ajoute l'épidémie de grippe espagnole qui fait plus d'un million de morts.

En Grande-Bretagne, victoire des suffragettes : le droit de vote est accordé aux femmes de plus de 30 ans.

Mort du poète Guillaume Apollinaire et prix Goncourt à Marcel Proust pour son œuvre *À l'ombre des jeunes filles en fleurs*.

LAURE CONAN ET SON MILIEU

1919

Publication de *L'obscure souffrance*, roman psychologique, auquel Laure Conan ajoute d'autres nouvelles. L'œuvre est préfacée par Thomas Chapais qui la dépeint comme le cri de la souffrance morale devant la jeunesse qui s'envole.

À partir de 1919, l'écrivaine passe une moitié de l'année à Montréal, au couvent Notre-Dame-de-Lourdes, et l'autre moitié à La Malbaie.

Lionel Groulx publie *La naissance d'une race*, Marie-Victorin, *Récits laurentiens*, et Thomas Chapais, son *Cours d'histoire du Canada*.

1920

Laure Conan abandonne la maison familiale de La Malbaie qui sera démolie en 1953.

Jules Fournier compile une *Anthologie des poètes canadiens*, document majeur sur l'évolution de la poésie québécoise depuis ses origines.

L'AMÉRIQUE ET LE MONDE

1919

États-Unis : prohibition de l'alcool jusqu'en 1933, ce qui favorise le développement de la contrebande et de la criminalité des *bootleggers* tel Al Capone.

Traité de Versailles : le traité de paix réorganise l'Europe centrale et balkanique. Ainsi la Yougoslavie est formée de la Serbie, de la Croatie, de la Slovénie et du Monténégro.

André Gide publie *La symphonie pastorale*.

1920

États-Unis : début des « années folles », années de prospérité de l'après-guerre jusqu'à la crise de 1929. Pendant ces années se crée un style de vie américain caractérisé par la possession de biens matériels qui rendent la vie plus confortable (autos, radios, appareils ménagers).

LAURE CONAN ET SON MILIEU

1921

Parution de *La vaine foi* de Laure Conan. Déjà atteinte du mal qui l'emportera, elle exprime ses ultimes préoccupations religieuses et voit venir la mort avec sérénité.

1922

Nationaliste reconnu et écrivain engagé, l'abbé Lionel Groulx s'en prend à l'anglomanie d'une certaine élite canadienne-française et aux injustices de la confédération dans *L'appel de la race*.

L'AMÉRIQUE ET LE MONDE

1921

Irlande : l'île est séparée en deux territoires autonomes, l'État libre d'Irlande, catholique, et l'Ulster, à majorité protestante et qui fait partie intégrante du Royaume-Uni.
Chine : fondation du parti communiste chinois ; Mao Zedong est parmi les fondateurs.

1922

Italie : Benito Mussolini, le Duce, chef du parti fasciste, forme un nouveau gouvernement ayant pleins pouvoirs. Le fascisme est une doctrine totalitaire et nationaliste, opposée au socialisme.
URSS : le congrès des Soviets fonde l'Union des Républiques socialistes soviétiques. Joseph Staline est élu secrétaire général du parti bolchevique.
Ulysse, de James Joyce, est publié à Paris.

1923

Laure Conan s'installe à la villa Notre-Dame-des-Bois de Sillery, paisible pension face au fleuve, où elle continue d'écrire malgré son grand âge. Elle compose son dernier roman historique, *La sève immortelle*. Malade, elle ne consent à partir pour l'hôpital qu'une fois l'œuvre terminée.

1924

Mort de Laure Conan à l'Hôtel-Dieu de Québec à la suite d'une intervention chirurgicale. Inhumation au cimetière de La Malbaie dans un lot contigu à celui où repose Pierre-Alexis Tremblay.
D'un océan à l'autre, de Robert de Roquebrune, raconte l'expansion du Canada vers l'ouest à l'époque de Louis Riel.

1923

Parution du *Diable au corps* de Raymond Radiguet.

1924

Mort de Lénine à Moscou. La même année, l'Union soviétique est reconnue diplomatiquement par plusieurs pays européens.
Thomas Mann publie *La montagne magique*.
Le mouvement surréaliste, issu du dégoût suscité par l'absurdité de la guerre, prend son vrai départ avec la publication du *Manifeste du surréalisme* d'André Breton.

LAURE CONAN ET SON MILIEU

1925
Publication posthume de *La sève immortelle*, œuvre dans laquelle l'auteure se fait encore l'apôtre de la survivance canadienne-française et catholique au Canada.
Laure Conan a légué, par testament, les bénéfices de ses droits d'auteur sur ce roman aux Oblats de Marie-Immaculée, car elle avait une grande admiration pour les missionnaires.

1929
Le poète Alfred DesRochers, père de Clémence, publie *À l'ombre de l'Orford*, dont le réalisme et l'objectivité dans la description de la vie champêtre et du paysage québécois sont remarqués.

L'AMÉRIQUE ET LE MONDE

1925
En Italie, Benito Mussolini, chef du parti fasciste, se voit confier les pleins pouvoirs.
Emprisonné à la suite de son putsch manqué, Adolf Hitler écrit *Mein Kampf* (Mon combat) dans lequel il expose ses conceptions de l'homme et du monde.
Publication du *Procès* de Franz Kafka à Prague.

1929
États-Unis : le jeudi noir 24 octobre, la Bourse de New York s'effondre, c'est le krach de Wall Street qui met un terme à la prospérité. Dans tous les pays industrialisés, les produits non vendus s'amoncellent, les usines ferment, le commerce international est déséquilibré, c'est le chômage et la misère.
Erich Maria Remarque publie son roman pacifiste *À l'ouest rien de nouveau*, Ernest Hemingway, *L'adieu aux armes*, et Jean Cocteau, *Les enfants terribles*.

La Malbaie, en 1994, garde son charme d'antan.

Éléments de bibliographie

DES ORMES, Renée, *Célébrités*, Québec, L'Auteur, 1927, p. 7-61.

DES ORMES, Renée, « Laure Conan. Un bouquet de souvenirs », *La Revue de l'Université Laval*, janvier 1952, p. 383-391.

DUMONT, Micheline, « Laure Conan », *Cahiers de l'Académie canadienne-française*, VII, 1963, p. 61-72.

DUMONT, Micheline, « Laure Conan, 1845-1924 », Mary Quayle (dir.), *The Clear Spirit. Twenty Canadian Women and their Times*, Toronto, Toronto University Press, 1966, p. 91-102.

LE MOINE, Roger, « De Félicité Angers à Laure Conan », introduction à Laure Conan, *Œuvres romanesques*, t. I, Montréal, Fides, 1975, p. 9-28.

Table

«L'IMPRIMEUR»

Cap-Saint-Ignace (Québec).